心一堂術數古籍珍本叢刊

書名：蔣大鴻嫡傳水龍經注解 附 虛白廬藏珍本水龍經四種（二）
系列：心一堂術數古籍珍本叢刊 堪輿類 蔣徒張仲馨三元真傳系列 第二輯 188
作者：【清】蔣大鴻編訂、【清】楊臥雲、汪云吾、劉樂山註
主編、責任編輯：陳劍聰
心一堂術數古籍珍本叢刊編校小組：陳劍聰 素聞 梁松盛 鄒偉才 虛白盧主

出版：心一堂有限公司
通訊地址：香港九龍旺角彌敦道六一〇號荷李活商業中心十八樓〇五—〇六室
深港讀者服務中心·中國深圳市羅湖區立新路六號羅湖商業大厦負一層〇〇八室
電話號碼：(852)67150840
網址：publish.sunyata.cc
電郵：sunyatabook@gmail.com
網店：http://book.sunyata.cc
淘寶店地址：https://shop210782774.taobao.com
微店地址：https://weidian.com/s/1212826297
臉書：https://www.facebook.com/sunyatabook
讀者論壇：http://bbs.sunyata.cc/

版次：二零一七年七月初版
平裝：十冊不分售

定價：港幣 二千八百元正
新台幣 一萬零八百元正

國際書號：ISBN 978-988-8317-46-2

香港發行：香港聯合書刊物流有限公司
地址：香港新界大埔汀麗路36號中華商務印刷大厦3樓
電話號碼：(852)2150-2100
傳真號碼：(852)2407-3062
電郵：info@suplogistics.com.hk

台灣發行：秀威資訊科技股份有限公司
地址：台灣台北市內湖區瑞光路七十六巷六十五號一樓
電話號碼：+886-2-2796-3638
傳真號碼：+886-2-2796-1377
網絡書店：www.bodbooks.com.tw
台灣國家書店讀者服務中心：
地址：台灣台北市中山區松江路二〇九號一樓
電話號碼：+886-2-2518-0207
傳真號碼：+886-2-2518-0778
網絡書店：http://www.govbooks.com.tw

中國大陸發行 零售：深圳心一堂文化傳播有限公司
深圳地址：深圳市羅湖區立新路六號羅湖商業大厦負一層〇〇八室
電話號碼：(86)0755-82224934

心一堂微店二維碼

心一堂淘寶店二維碼

序

古本水龍經不著作者姓氏勝國華亭蔣平階先生所輯自序云因無刊本間有字句之訛用加較讐詮次成書編為五卷則即以為蔣氏之書可也余所見刊本惟吾鄉陳君寄磻澤古齋叢書曾載此編而缺其第三卷此外完善成本問諸搜藏家亦未之見蓋是書之韜晦于世久矣余惟葬為飾終大事仁人孝子不忍舉其親而委之於壑於是延名師訪益友尋山問水累月經年求得吉壤以安宅兆蓋亦甚不得已之苦心非盡為俗流邀福計也而今

之堪輿家妄用師心動稱秘術得一地莫不謂富貴如操券及葬而禍不旋踵此豈造物之故秘神奇以為智小謀大者戒歟抑亦堪輿家之自專自用不深究山川形勢氣脉妄斷吉凶之所致也吾邑前輩春江賈先生及令子雲階明經世其術余以通家誼得與明經遊間叩其平陽相度之法則曰不知地理盍觀地圖遂出所藏水龍經示余并謂余曰此書係先君手鈔全帙校勘精詳試驗古名大家墳百無一失在業是術者唾棄不道而不知好學深思心知其意則於形勢氣脉展卷瞭然萬不至為江湖術士所惑

此亦與爲人子者不可不知醫同一理也子能梓之以壽世乎余
感其誠爲付剞劂氏工既竣爰誌厓畧如此云
咸豐五年乙卯仲秋月上海叔彝王慶勳識于魏塘舟次

序

天有天文文章地有地理理條理亘古及今日月經天文無異文江河絡地理無異理若以八卦九宮三合三元為理則理而兼數有體用之不同焉大禹治水奠定懷襄而孟子以為行其所無事公劉遷邠乃千古卜宅之祖亦不過曰相其陰陽觀其流泉而已故唐以前青烏家稱形家從無地理之目至曾楊廖賴諸書雜出人知為理不復知為形又但知以數為理而不復知以形為理無惑乎終身由之而不知其道者眾也有明以來山法諸書多有

圖誌水法無之平階先生出而古本水龍經始傳于世惜無刻本鈔録多譌其中天星一卷向係珍秘不肯漏洩上承　先君子指授家有傳書每欲付諸手民與讀書明理者共見共聞不至求福而反以邀禍同里　王君叔彝樂助襄成爰出而問諸世校讐真偽頗費勞辛倘海内諸君子別有善本惠而教之匡所不逮幸甚

咸豐六年丙辰清和月上海雲階賈履上謹述

水龍經序

自鴻濛開闢以來山水爲乾坤二大神龍並雄於天壤之間一陰一陽一剛一柔一流一峙如天覆地載日旦月暮各司一職後世言地之家罔識厥理知山之爲龍而不知水之爲龍即有高談水法者莫不以山爲之體而水爲之用至比之兵之聽令乎將婦之致順乎夫于是山之名獨尊而水之權小絀遂使平陽水局之地置水龍之眞機而傅會山龍之妄説舉世昏昏有若聾瞶此非楊曾以還未晰此義逃古人不云乎行到平陽莫問蹤只看水遶是

真龍又云平陽大地無龍虎漭漭歸何處東西只取水為龍扦着出三公其言之曉暢條達彰彰在人耳目間如是久矣人自不之察耳至其裁製格法寔鮮專書發揮未備卒使學者有同面墻無徑可入推原其故豈不以山之結構有定而水之運用無窮世人若知水龍作法盡大地山河隨所指顧咸可握神機叅造化故引而不發為天地惜此秘奥耳高高在上哀此下民亦欲使千古不傳之緒宣露一時假 階下愚發抒要妙為後此通人彥士執轡前驅乃因無極之傳盡泄楊公之訣于是 階乃蕩然大闢其旨以山

龍屬高山以水龍屬平壤二法判分不憚大聲疾呼以正告天下有識之士間亦信之從来迷謬茲為洞豁階竊自懼其遭逢之太幸恐冐陰陽之愆何敢貪天之功以為己力也始階初得師傳時既知有水龍之法矣而求之古今成跡茫無考據及得幕講禪師玉鏡正經千里眼諸書而後入穴古機若合符契未幾又得水龍經若干篇乃嘆平陽龍法未嘗無書但先賢珍重不浪泄于世爾因無刋本間有字句之訛用加較讐詮次成書編成五卷一卷明行龍結穴大體支榦相乘之法二卷明五星正變穴體吉凶審辨

之法。三卷述水龍五應星垣諸大格。四卷指水龍託物比類之象。五卷義同。二卷而縱橫言之。一二四卷得之吳天柱先生。三卷得之乍浦一人家。五卷最後得之我郡。夫是五者。或有作者姓名。或失其姓名。其言各擅精義。互見得失。合而觀之。則水龍軌度無餘蘊矣。以此水龍為之體。而后施之以三元九宮乘氣作用。譬之大匠。水龍者。楩楠杞梓。而三元九宮。其方圓繩墨也。譬之丹家。水龍者。鉛汞藥物。而三元九宮。其卦爻火候也。名材木搜。公輸無所施其巧。鉛汞不備。伯陽無以運其神。故天元心法亦云至矣。而是書

又昌可少乎經之為名不可漫加即其舊名因而不革實可藏之
金匱石室與青囊狐首並垂不朽後之學者苟非有過人之福天
牖其衷未獲覩此書也希世之寶惟有德者當之尚其知敬也歟
尚其知懼也歟旹天啟下元甲子又四十年歲次癸卯律中仲呂
後學杜陵蔣平階大鴻氏題於丹陽之水精庵

水龍經第一卷總論

此卷專明水龍支榦之理。蓋以通流大水為行龍。而謂之榦。以溝渠小水為割界。而謂之支。穴法取支不取榦。猶之高山起祖。重巖疊嶂之中。反無真結。而老龍發出嫩枝。始有結作也。篇中主意。嘗以榦龍遶抱。取外氣形局。而以支龍止息交會。取內氣孕育其子。水龍之理。論之特為美備。蓋大江大河。雖有灣抱。其氣曠渺。與墓宅不親。斷難下手。須於其傍另有支水作元辰。遶抱成胎。則化氣內生。并大水之氣脉。皆收攬而無餘。斯大地矣。予觀舊家名塚枝川小幹首尾通流其形曲折竟于轉處下龍腹穴全無内堂界水亦得大發其小枝盡處或一水单纏或雙流界抱深藏婉麗毓秀鍾靈世家大族所在都有不必盡論外局其福力已不可限量似乎此書所論不可盡拘然幹水無支其局雖大必須久而後應終難驟發支龍無幹其效雖捷而氣盡易衰不能綿遠究不若支幹相扶之地可希求旦夕之功而亦可期代興之澤也然則此書之義其可廢而不察歟其所重在特朝之水迎秀立穴斯雖正論然必欲其逆入朝迎犹是一偏之論盖水龍妙用只在流神曲秀生

動化機自呈前後左右無往不宜順逆去來隨方協應以予所見尤以坐向首尾為駕馭有權或左或右未免偏于公位耳若湖蕩龍法此書皆取衆砂環聚蓋即倣山龍圖式眠倒星辰之說也果如此圖局法固美然予徧觀吳楚之間三江五湖巨浸多矣欲合此等圖式百無一遇今存此說會意云爾必欲按圖索驥求此等之地而塟之渉于愚矣要之湖蕩之脈亦當深明支幹蓋大蕩即名大幹必須其傍又求支水立穴而後發看丁丑二十五又二八易易宅尚有歸收陰基必難乗接其借外砂包護亦即支幹之法而變

用之者也。至于水龍作用，全在八卦三元。江河湖蕩，其歸一也。不精此義，縱得合格大地，未免求福而反受其禍。則又乾坤之秘奧，聖哲之心傳，而非作此書者所能知也。此書作者不著姓名，大約近代人手筆。其每篇立論，未免尚存流俗之見。于真傳正訣，猶隔一山。予以支幹之說為水龍開卷第一義，故節取其圖，列之卷首。若一一泥于其說，則于真實際分反致河漢，貴學者之善說書也。

水龍經第一卷

氣機妙運論

太始惟一氣耳究其所先莫先于水水中滓濁積而成土水土震盪水落土出遂成山川是以山形有波浪之勢焉經云氣者水之母水者氣之子氣行則水隨水止則氣蓄子母同情水氣相逐猶影之隨形也夫氣一也溢于地外而有迹者為水行乎地中而無形者為氣水其表也氣其裏也表裏同運內外同流此造化必然之妙用故欲知地中之氣趨東趨西即其水之或去或來可以概

知之矣。若觀氣機之運者。觀諸水。川上之嘆。亦可以觀宣聖見道之情焉。然行龍必有水輔。氣止必有水界。輔行龍者既在乎水。故察其水之所來。是以知龍氣發源之始。止龍氣者亦在乎水。故察其水之所交。是以知龍氣融聚之處。故經曰。界水則止。又曰。外氣橫行。內氣止生。旨哉斯言歟。夫天地之氣。陰與陽而已。易曰。一陰一陽之謂道。又曰。陰陽互藏其宅。動靜互為其根。陰陽相禪。萬物化醇。郭子有云。獨陽不生。獨陰不成。陰陽合德。而生成之功備。故山脈之峙。水脈之流。各有陰陽。水者陽也。山者陰也。二者交互不可須臾離也地脉之行藉水以導之地脉之住藉水以止之既能導其行又能止其住者何也蓋外氣與內氣相合二氣相盪而成物犹夫婦交姤而成生育之功也陽為雄陰為雌陽以畜陰陰以含陽即雌雄相會牝牡交姤之情也故曰陰陽相見福祿永貞沖陽和陰萬物化生此天地自然之化機也合而言之混沌之體即萬物統體一太極之妙用分而言之隨物付物又萬物各具一太極之元奥也知太極之理則可以語化機之妙知化機之妙則可以語形象之學矣

自然水法歌

水法最多難盡述略舉大綱釋迷惑世傳卦例千數家彼吉此凶行不得自然水法君切記無非屈曲有情意來不欲冲去不直橫不欲反斜不急橫須遶抱及彎環來則之元去屈曲澄清停蓄甚為佳傾瀉急流何有益八字分開男女淫川流三派業敗傾急瀉急流財不聚直來直去損人丁左射長男必遭殃右射幼子受灾傷若還水從中心射中房之子命難長掃腳蕩城子息少冲心射脇孤寡夭反跳人離及退財捲簾填房與入贅澄清出人多俊秀

污濁生子蠢愚鈍。大江洋朝田萬頃。暗拱爵祿食五鼎。池湖凝聚
鄉相職。大江洋朝貴無敵。飄飄斜出是桃花。一作犯流霞男女貪
淫撓破家。又主出人好遊蕩。終朝吹唱逞奢華。屈曲流來秀水朝
定然金榜有名標。此言去流無妨碍。財豐亦主官豪邁。水法不拘
去與來。但要屈曲去復廻。三回五度轉顧穴。悠悠眷戀不忍別。何
用九星并八卦。生旺死絶皆虛說。述此一篇真口訣。讀者胸中皆
透徹。免惑時師卦例言。禍無福有須當別。

水龍經第一卷總目

兩水夾纏格一圖
水纏元武格共四圖
順水界抱格共二圖
順水曲鈎格一圖
曲水倒勾格一圖
斬氣迎朝格共二圖
遠朝倖秀格共二圖
流神聚水格共五圖

一水橫攔格共三圖
界水前抱格一圖
界水外抱格一圖
湖蕩聚砂格共十五圖
曲水斜飛格共二圖
水城反跳格共二圖
来水撞城格共三圖
界水無情格共三圖

幹水城垣格

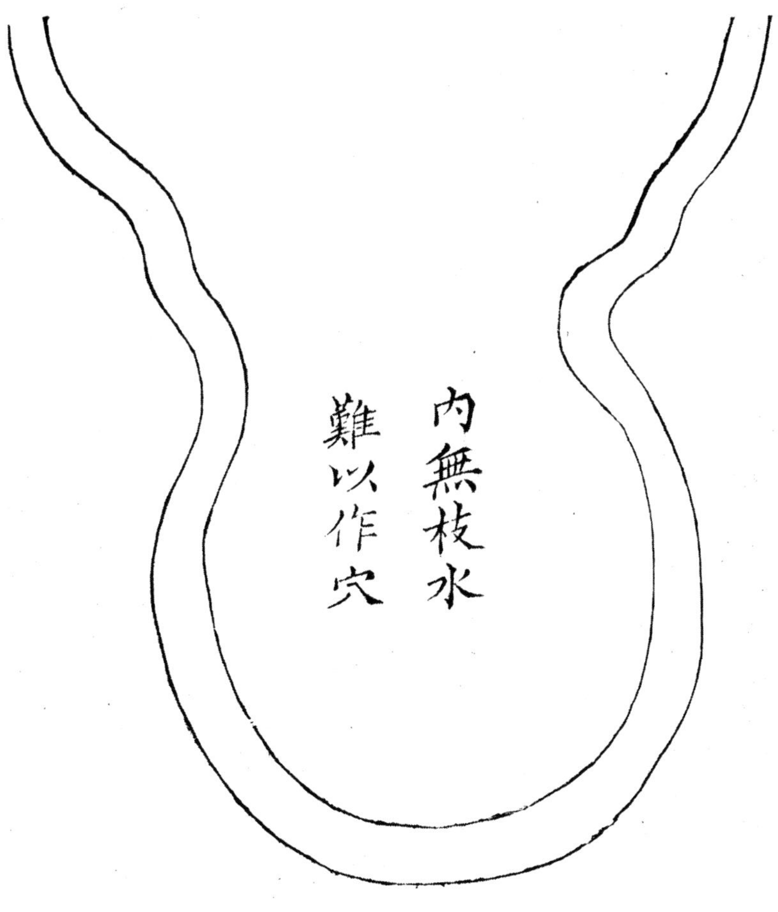

大河大江或從東南來或從西南来並不見回頭環遶十里二十里滔滔而来如雁之飛畧無回翔之勢中間雖有屈曲決不結穴直至回遶環轉回顧之處如雁之將止則不必回翔而後歇泊也至此方是龍脉止聚之處經云界水則止又云界水所以止來龍書云龍落平洋如展席一片茫茫難捉摸平洋只以水為龍水纏便是龍身泊故凡尋龍須看水城廻繞處求之然水之来路遠其勢寬大中間雖有小回頭處乃真龍束氣結咽之處即未結穴到頭形勢寬大又難捉摸必須求支水界割如得支水揷腹界出内

堂砂水包裹不趹不容形居完固方爲真穴若非支水界割則大
水雖環遶終是茫茫無以指點雖無大害必不發福矣

榦水散氣格

此局榦水斜行。似有曲折而非環抱。又無枝水以作內氣。總不結。

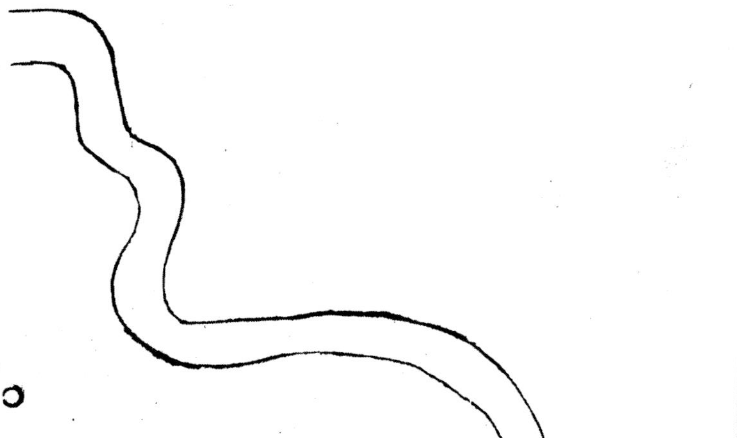

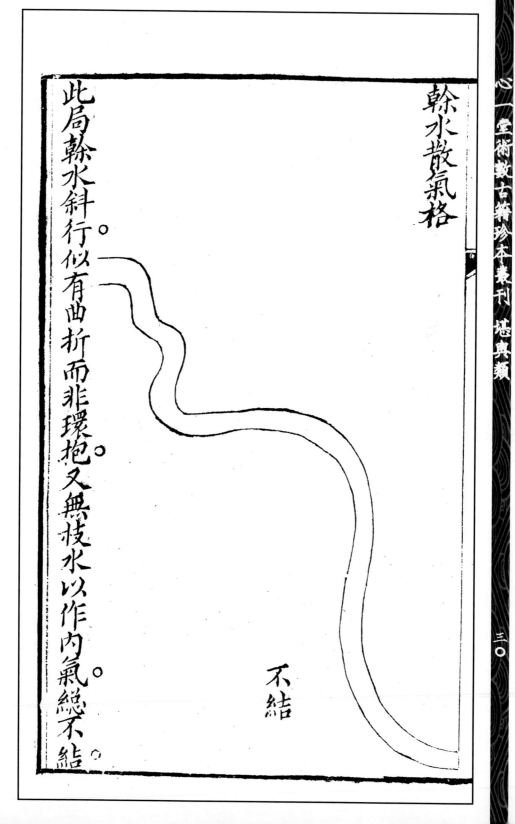

枝水交界格

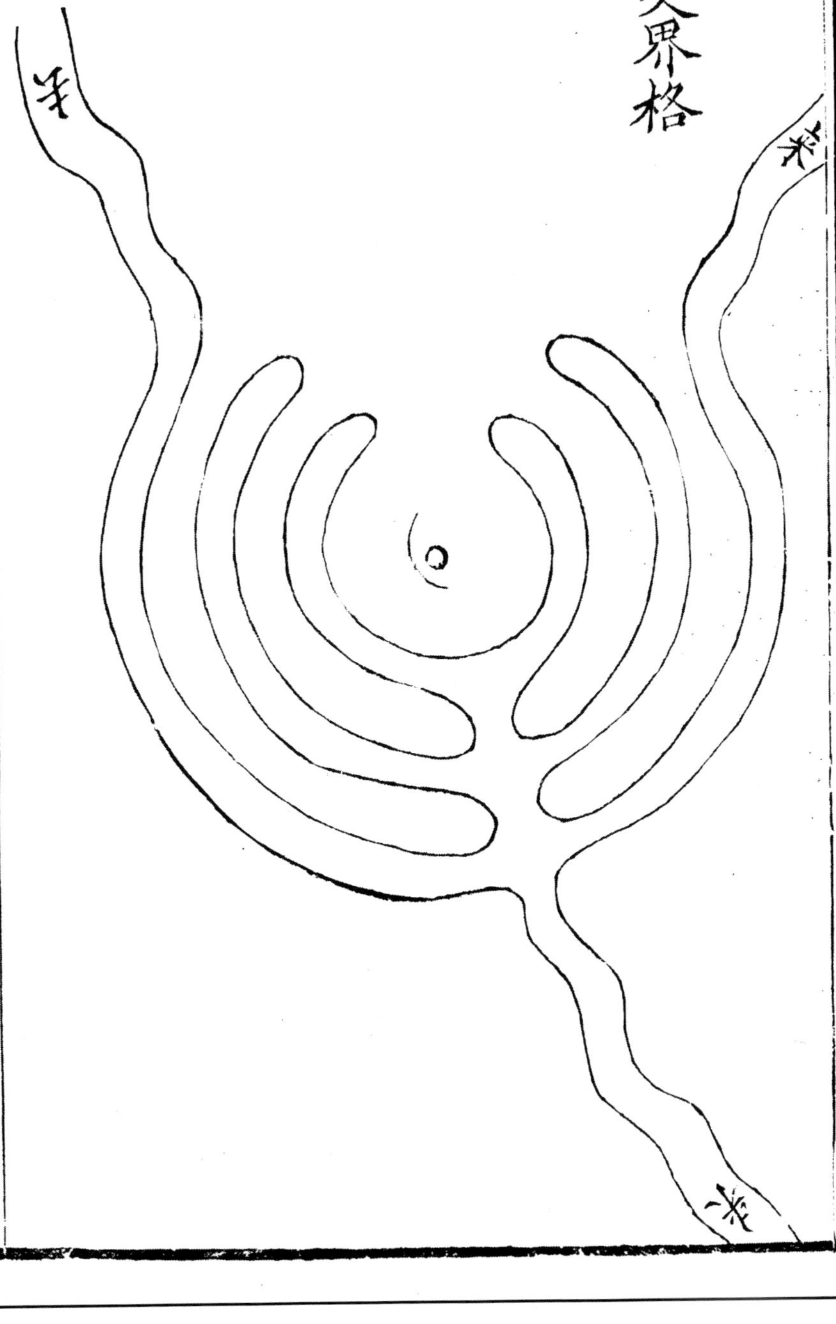

右前一枝大江自右倒左右後一枝大江亦自右趨左與前倒左水合流屈曲而去此正兩水合流一水引脈之局又云兩水合出是真龍龍從右来穴倚左局中龍脉寬大卻要尋枝水插腹割界作內局龍虎前後左右朝抱包裹周密方可立穴此局于腹中插入小水分界左右重重交鎖三分三合束氣結咽龍脉到頭員淨端嚴形勢極秀橫來橫受向前面砂水彎抱處立穴以迎西来水其福力甚大

支水交界格

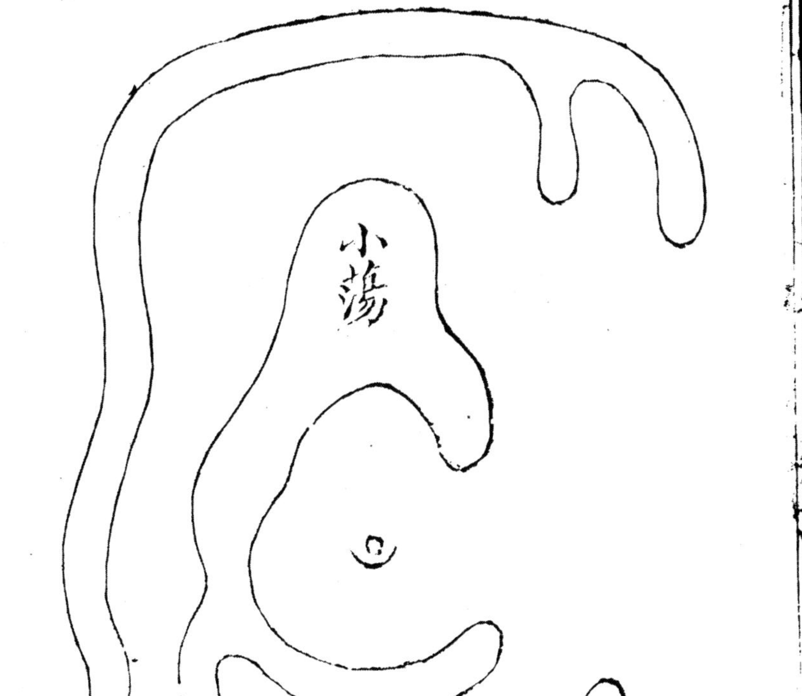

此勢受水只從後面右來遶。元武不回頭。即于左邊局後屈曲而去于後大水去處。插一枝水上左向前灣弓抱過右邊即收作外包裹又于左之後又插一枝水上前分作兩股一股向局後過右界出龍脉一股向局前聚水成池其砂水雙雙回頭于左側此亦横來側結穴也前有小蕩作聚水宜對小蕩正受亦主科甲發貴蓋元武水雖不顧穴却于左邊繞局後而去乃真氣也

支水交界格

西南水来送合東南来水出東北却于東北𣏾一枝水分界于左右作龍虎砂横夾于前後中間𣏾一枝水横界于前左右有金魚水緊拱横来正受而來水護衛周密三分三合到頭其氣完固經云水要有分合有合氣方洽此局三分三合而轉頭向南委曲活動畧無硬直之殺主富貴全美若東南屈曲而来穴中望之如在目前其秀尤佳文翰聲名可甲天下也

支水交界格

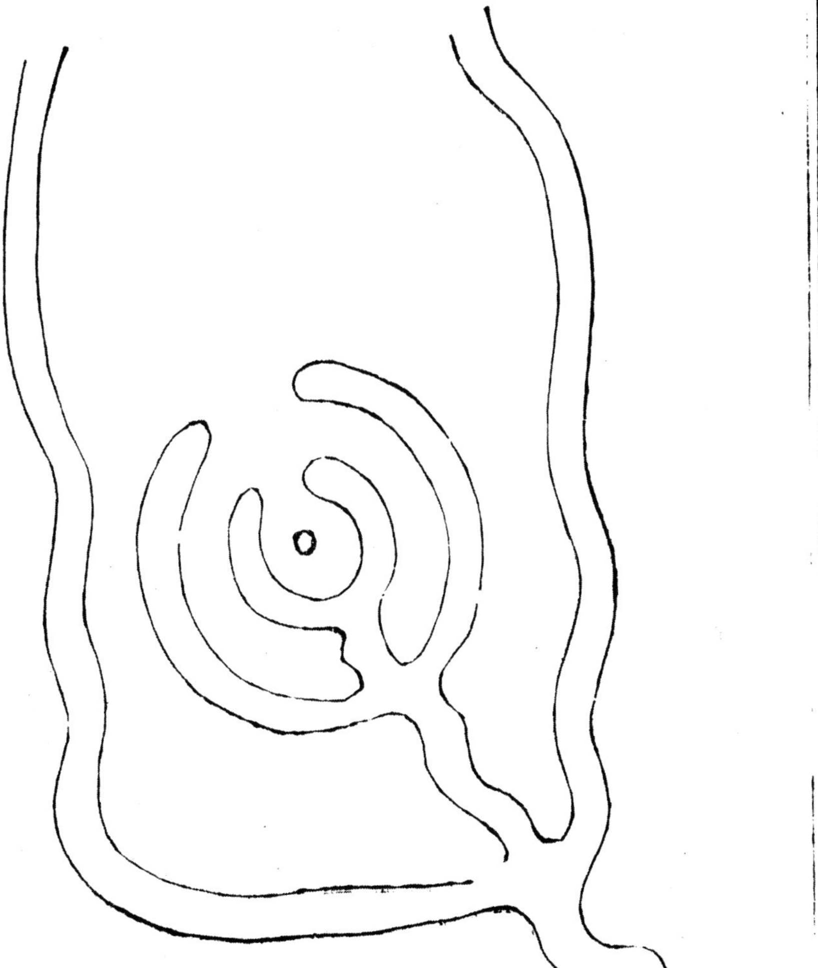

坐下或從東北或從西北棟一枝水上南屈曲一路向左而棟上一路向右而棟上割界左右龍虎交鎖及抱于坐下成龍虎交抱勢到頭成仙人仰掌結仰窩穴若迎來脉立穴取向作回受穴或順水立穴取向為順杖穴得龍虎砂朝抱于前其秀尤速此二法俱可但看前後朝應何如如前有曲水遠朝可迎立回受穴如後有曲水遠朝或遠山呈秀作順杖穴此勢雖纏元武彎抱如弓並無分泄城郭完固局勢周密主百子千孫朱紫滿門若東北或西北一路水分泄而去其力量便輕矣

曲水朝堂格

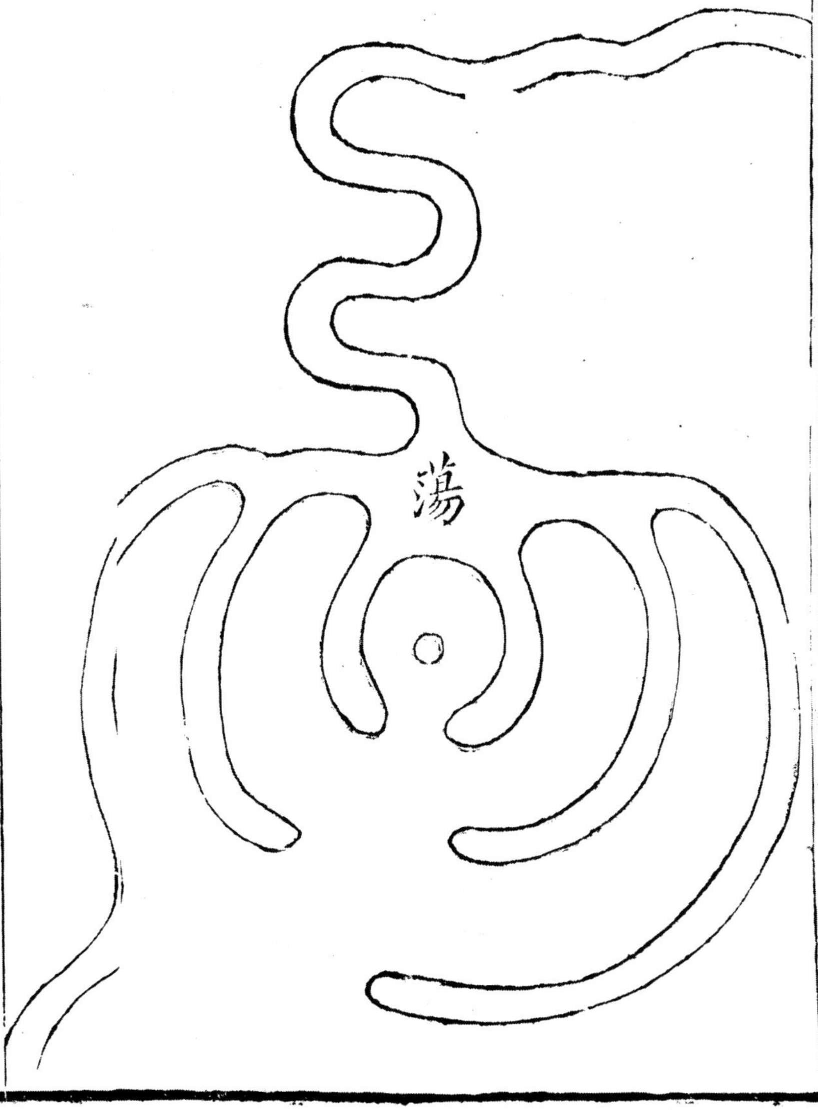

穴前曲水。不問三曲五曲。周匝整肅。自右過東。就身回抱而去。却于曲水後分枝割界。作重重龍虎。分列在左右。雙雙回頭朝顧。如拜如揖。穴後枝水分合。三關四峽。重重結咽束氣。兜收得此形勢。極爲周密。秀水完固。來水屈曲呈秀來脉尊貴。端嚴左右重重衛護。主有百子千孫。世出魁元。神童宰相。若穴前含蓄聚水。富堪敵國。若水係左來。于穴前屈曲而去。其福力不减。但爲官清貴無財。清白傳家。

曲水朝堂格

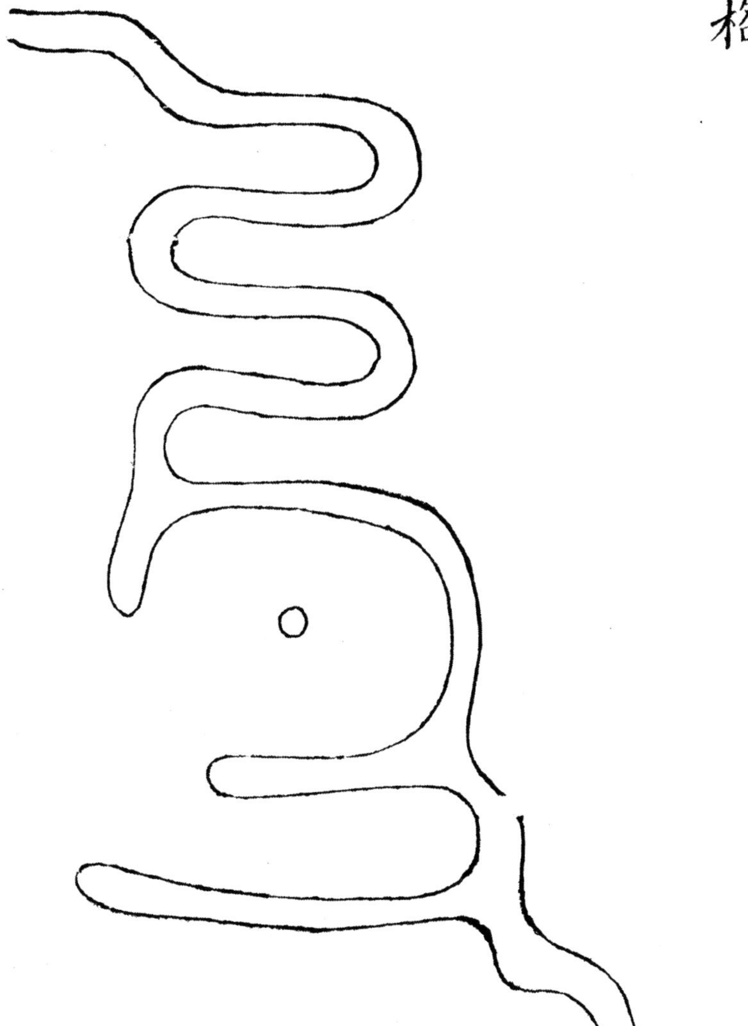

凡見曲水當面朝来。橫過穴前。須得就身回抱。屈曲而去。坐下要枝水割界。兜收龍脉。或一重二重三重。疊疊繞于穴前後。方成體勢。其穴前橫界深水。不宜太濶。太濶則氣蕩。不宜太狹。太狹則氣促。而前朝水箭射。恐破氣傷洩。此地曲水一路。单纏兜收。脉氣凝聚。大能發福。但坐下無元武水。大江繞護。乃是行龍腰結。非盡龍也。其力量比兩水合出稍輕。若得去水在元武後。回頭從坐下包褁而去。更自不同。

曲水朝堂格

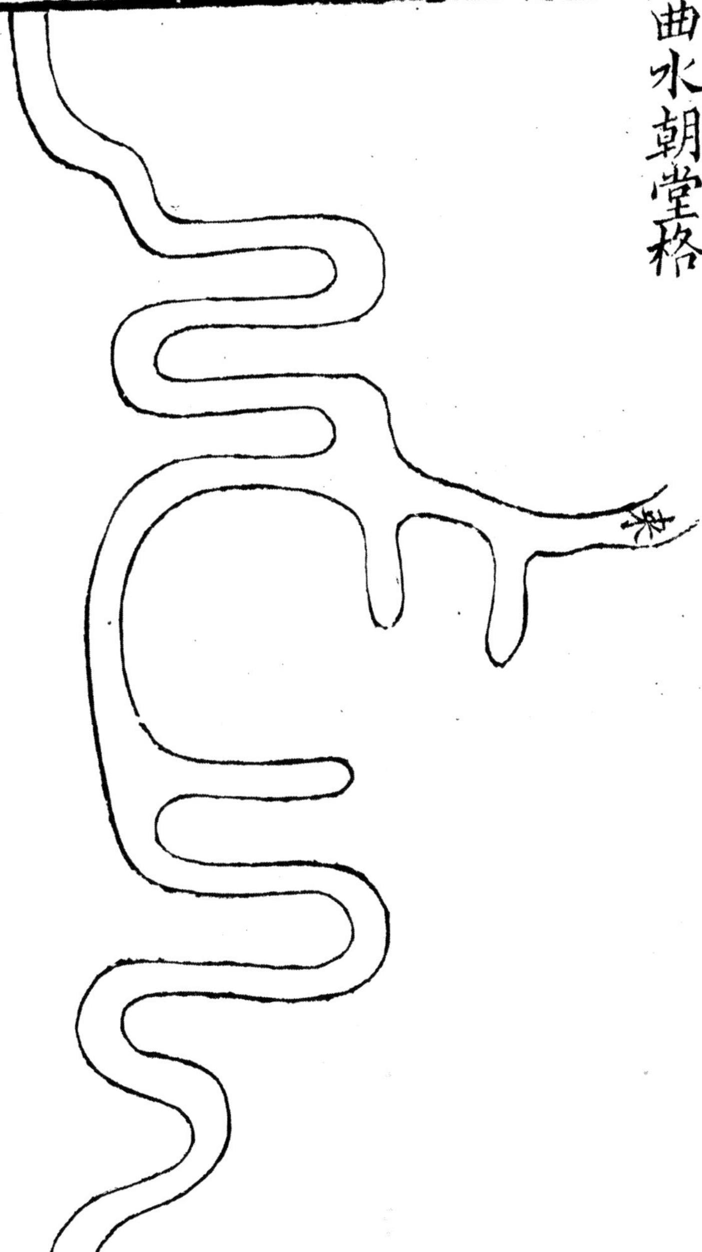

穴前秀水當面朝来與右来横水合流倒左就身回抱繞元武却回顧望東北而流来則屈曲去則顧家更得右水交會此與一水单纒殊覺差勝水交砂會龍盡氣鍾亦大地也人丁繁盛富貴之兆凡右水倒左灌堂則前秀水不得過堂而長房發遲須得右邊灌堂使曲水從右倒左則長房與二小房並發若右水與穴前出水分泄而去則小房不發更主遷移過繼或易姓離鄉也

曲水朝堂格

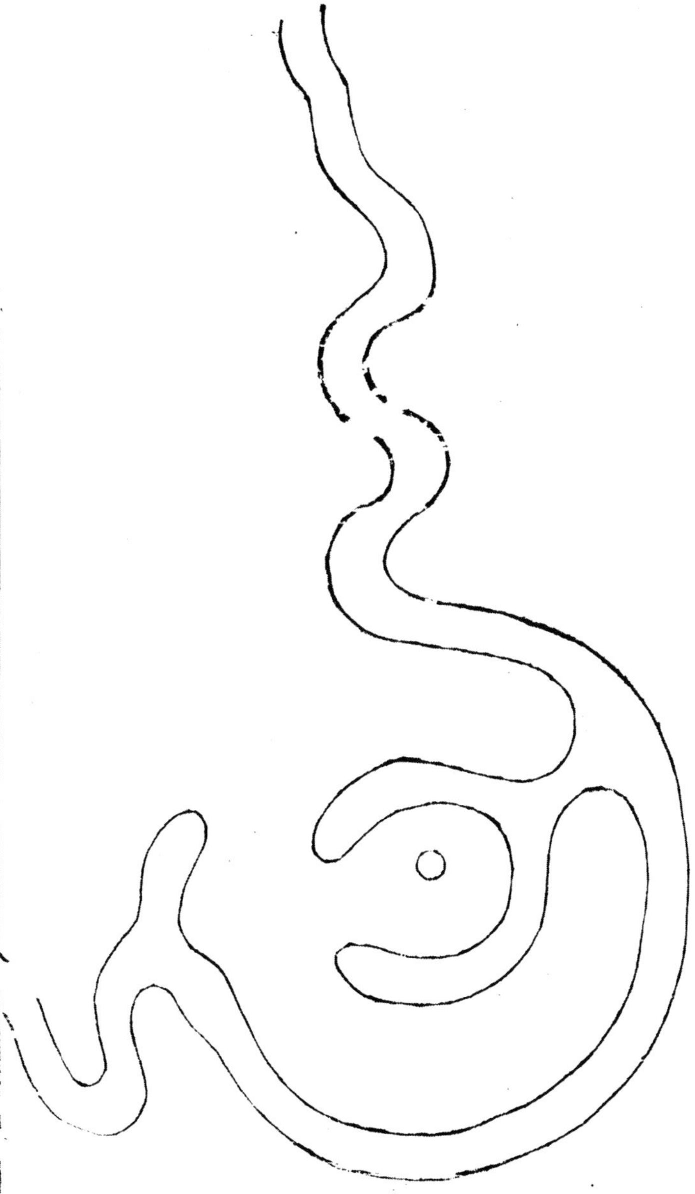

或從左来屈曲到堂從右倒就身環抱繞元武而去或從右来屈曲到堂從左倒就身環抱繞元武而去其曲處須要如元字樣或如之字樣不懈不跌縈繞周匝至穴前却如彎環就身遶轉包承于穴後得此形勢甚佳若形勢太寬中間須得枝水界得脉絡清奇若局勢周密雖無枝水割界亦可立穴

曲水朝堂格

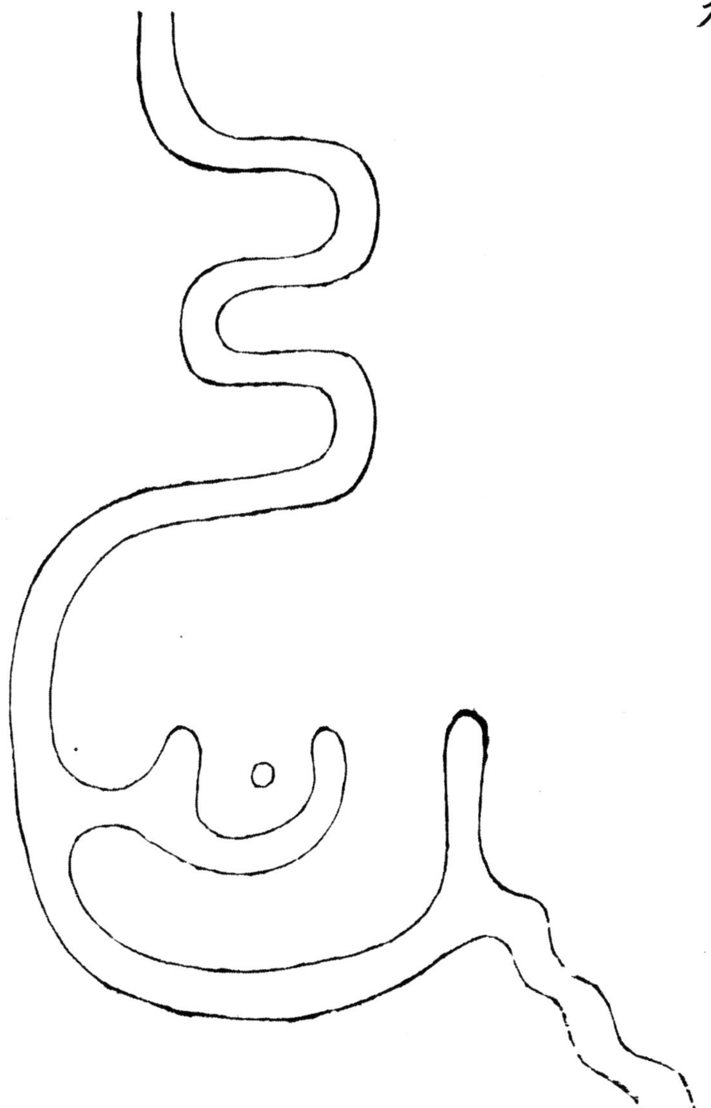

此勢與前曲水朝堂遶青龍纏元武法合前局周密緊促此勢左來就身夾下稍長而寬龍脉趨歸玄武秀水在前欲就曲水立穴則氣聚在後而脫氣氣欲立穴就氣氣聚處則曲水遠而乘受不及如此形勢中間必有枝水挿腹兜收其氣于局中使前不脫曲水後不脫龍氣前親後倚方能發福而主文翰之貴先發長房後發中房小房更得去水之玄則力量悠久

曲水朝堂格

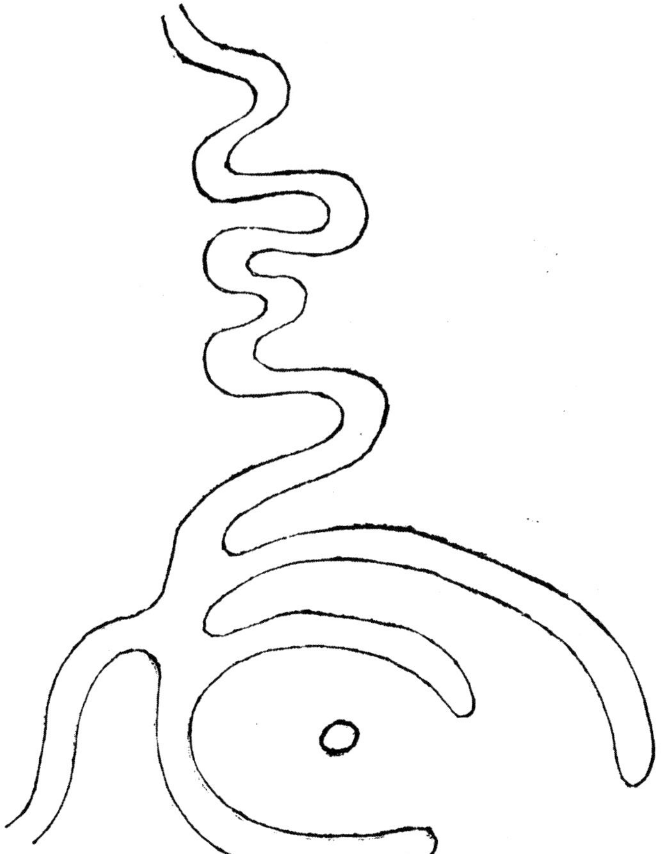

凡曲水朝堂須要摺摺整齊厚薄相等不宜東拽西竄如風擺柳條如風偃艸或盖過穴或不盖過穴叅差錯亂者雖見屈曲無足取也此局劄界結咽内氣合局亦能發福但主子孫飄蕩淫逸歌舞輕狂廢業若得進局一二摺水朝抱有情亦主初年穩發行乎揺動擺跌處不免退敗之憂

出水单纏格

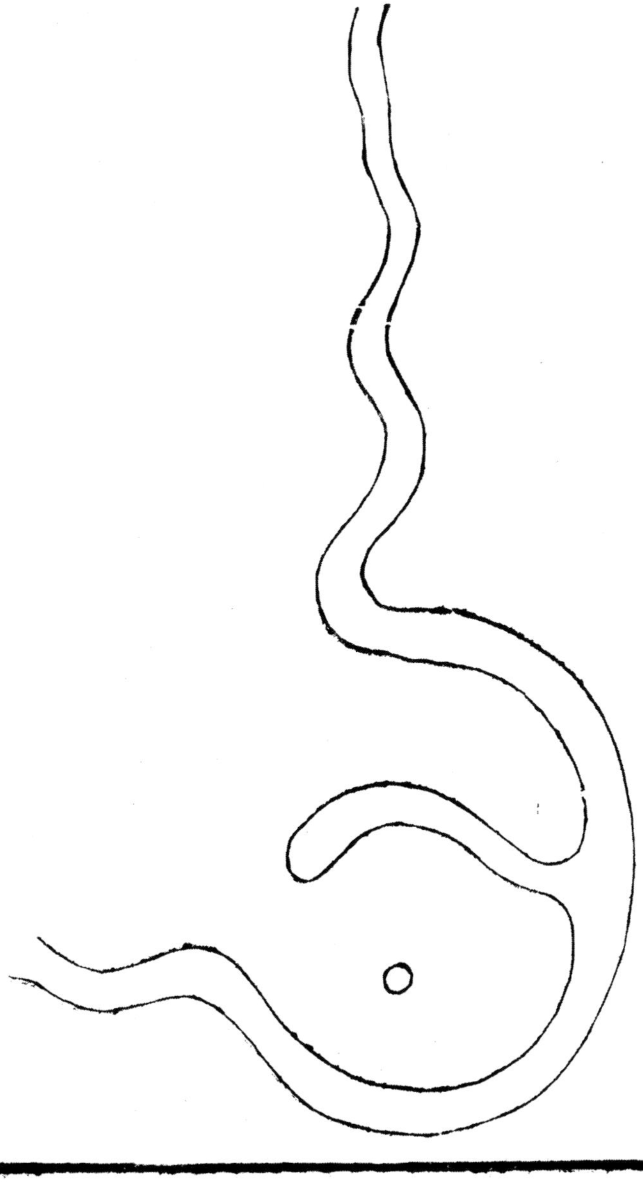

凡曲水朝堂。須得三摺四摺。如之如元。摺摺包過穴場。其轉摺處。不至冲射。若來水雖見屈曲。東牽西拽。固不可用。若曲形如纏索。穴前雖見彎抱。而前面一路殊非秀麗。亦不為吉。如此形體。局中雖割成勢。而穴之終難發福。不冲不破。僅可小康。若有冲激。或左右前後。略見分洩。必主破壞矣。遠水如草之字。或如展索。而穴前彎抱。蓋得穴過望之不見。前面冲射。亦主三四十年發福。及水步行至之日。即衰退矣。不可不細辨。

曲水单纏格

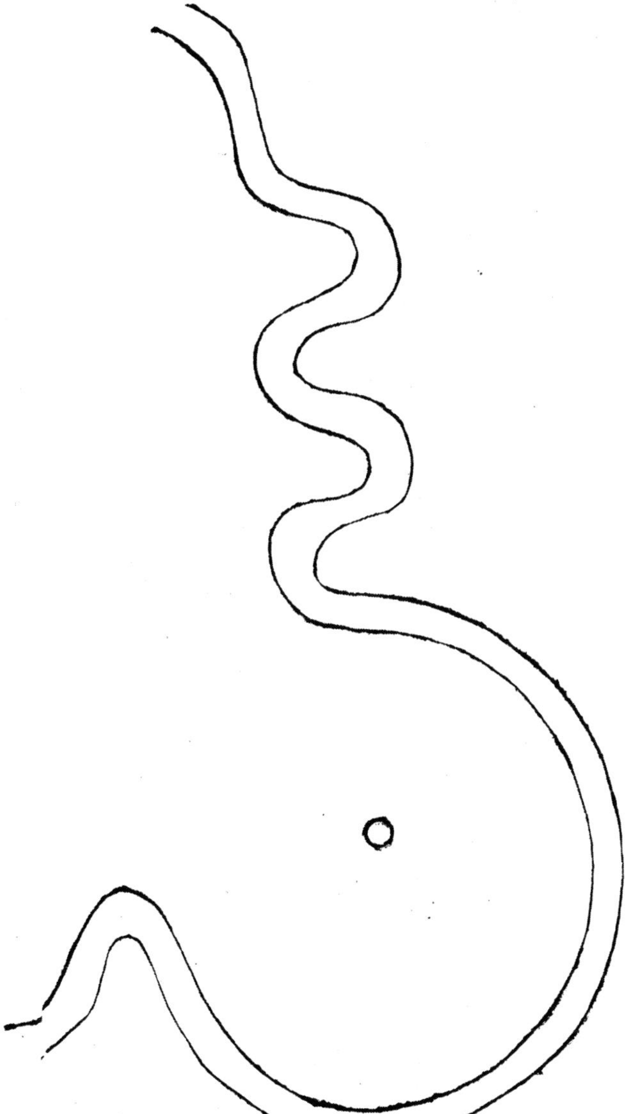

一水单纏只要屈曲有情或從東南来或西南來摺摺勻調不牵不拽不跌不寄三曲四曲厚薄同情未即結穴宜至廻翔彎遶如滿月之勢方成體面其去水亦要回頭顧家所謂洋洋悠悠顧我欲留是来要之玄去要屈曲然屈曲去處最怕如繩索様曲不遠即反背走跳亦不結地此水從東南来三五摺到局前到頭一曲獨厚而員淨此水星由池穴也得去水變局不向西北而向東北者真

曲水单缠格

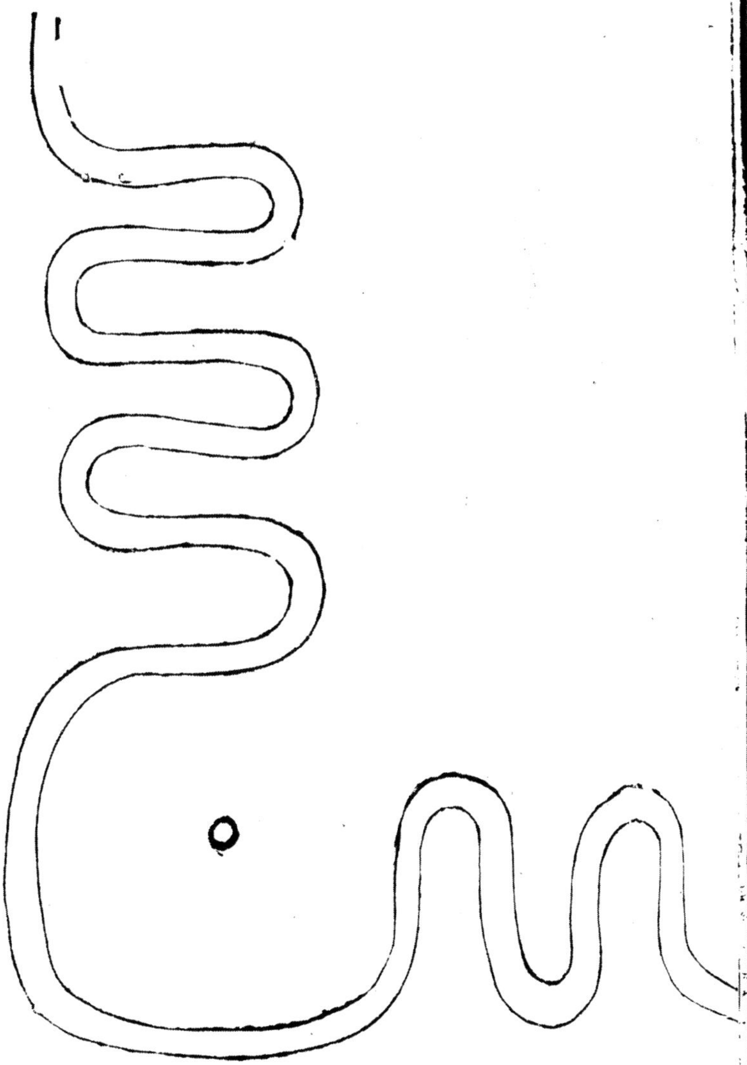

三横九曲當面朝堂不踈不容不牽不拽曲曲整肅繞青龍纏白虎回頭顧家屈曲而去中間並無支水揷界左右兜來真氣於中此穴名水星曲池穴穴前曲水端肅皆宜正受望曲水立向乃大地也賦云爲官清貴多因水遶青龍發福悠長定是水纏元武更兼曲水朝堂去水回頭水法中之最吉者凡曲池不宜太寬太寬則氣恐蕩而無歸元武穴雖向前受正必有脫氣失脉之患若見寬大必將枝水兜架方妙此勢主出狀元宰輔文翰滿朝三房並秀百子千孫富貴悠久

兩水単纏格

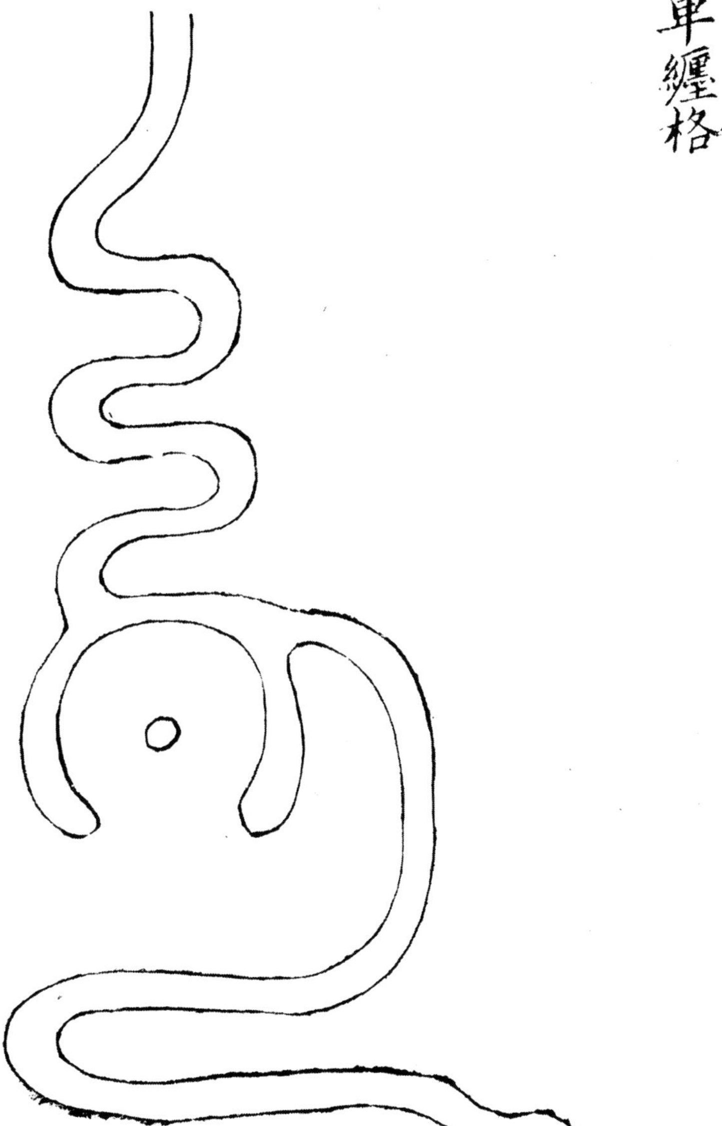

凡一水单纏局内不宜太寬太寬則氣不歸聚亦不宜太狹太狹則氣不運化生氣急迫若局勢太寬必須左右或前後有枝水兜乘不使生氣蕩散方妙蕩左兜右蕩後兜後又法元武水遶過穴後上下包裹則秀氣完固局勢周密得此形勢必大發福若此勢曲水當面朝堂從左倒右遶白虎纏元武却回頭復從元武而去局内左右金魚夾界其氣凝聚是為真穴一水单纏乃為遊龍戲水

曲水单缠格

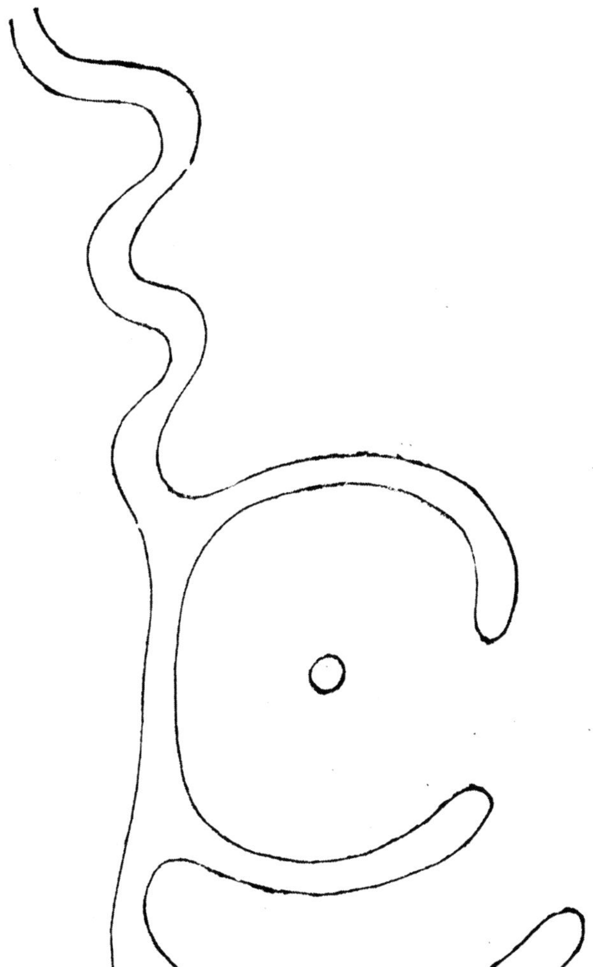

凡是曲水左來朝堂。不跡不寂。不牽不拽。摺摺齊整者。宜從曲水至處立穴。穴前一水橫迎。曲水合流者。須得小枝水揷界于後。方能收曲水之秀。

兩水夾纏格

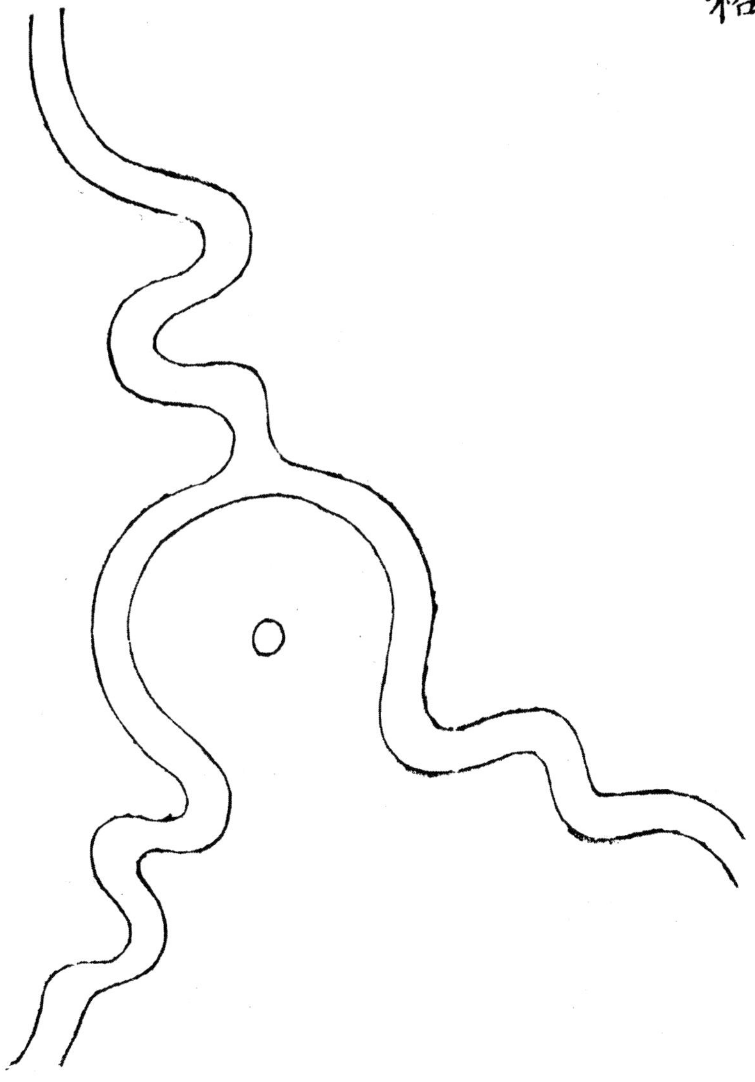

兩水夾纏合流而出来見之玄去見屈曲局內緊拱不寬不蕩不必枝水界割成形只要中間界割束腰收氣則穴法自完固矣兩水合出前面三五摺屈曲整齊當面曲水立向雖是順水而不至于直流直去則亦不嫌于順局也能盡氣鍾而更得外堂曲水有情明堂內砂如織女抛梭節節兜乘則水雖去而氣自固也主發文翰清貴仕而無資若局內寬大更得枝水兜揷成局而得瀦水更有回頭砂包裹穴場亦能發財貴而又富

水纏元武格

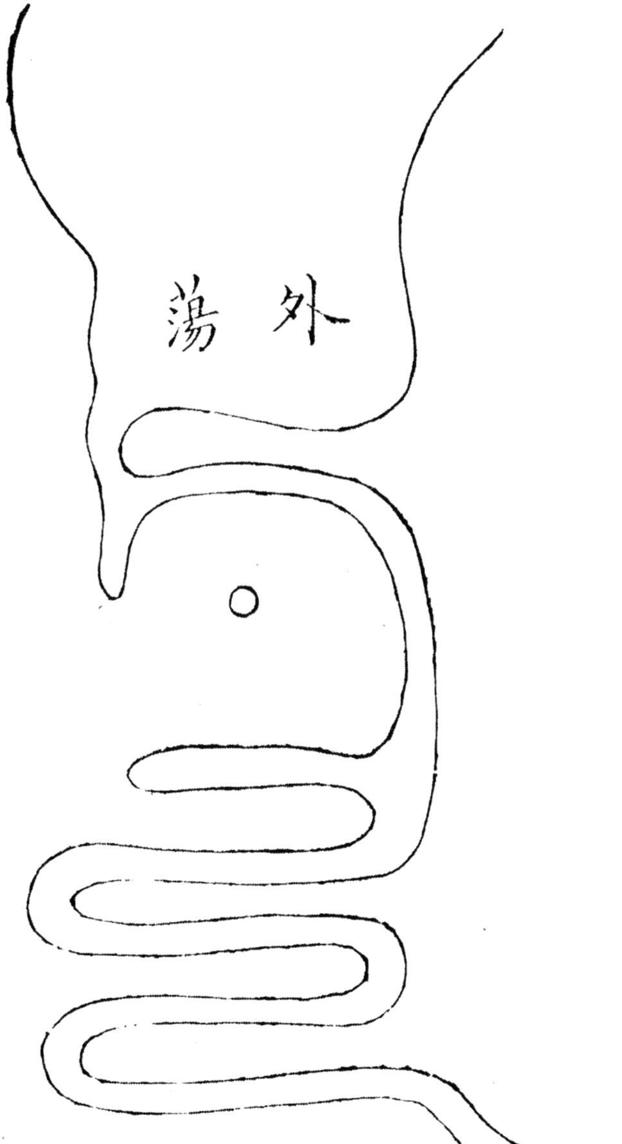

局前大水聚于明堂從東南横架過右抱身纏繞于元武三曲四曲而去砂水反關于坐下其秀本在穴後法當迎曲水立向然前有大水明堂流神自南而進亦可就大水立向聚水在前秀水在後主先富後貴若來水自北而南福力尤重代出魁元只要曲水包褁整齊若有牽拽便不發秀矣左纏發長房右纏發中小房福力悠久大旺人丁

水纏元武格

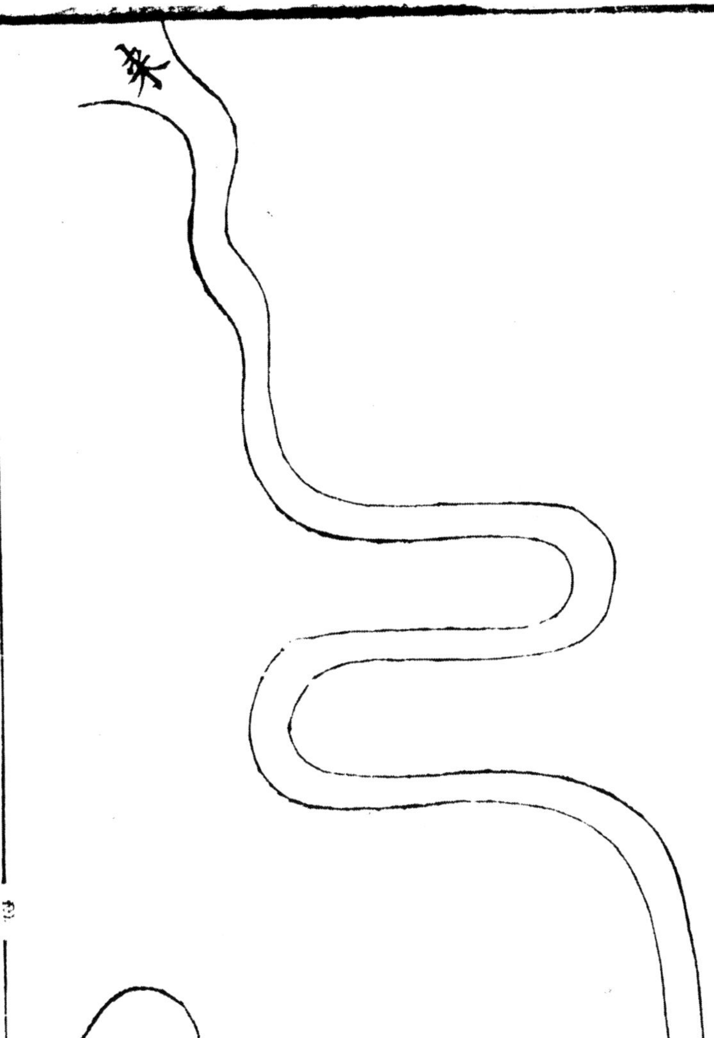

前有曲水三曲四摺。遠遠朝来。就身㹸抱。局後纏身元武而去。入路得結咽處。束氣緊密。發福悠久。富貴雙全。人丁繁盛。雖二三百年不衰。

水纏元武格

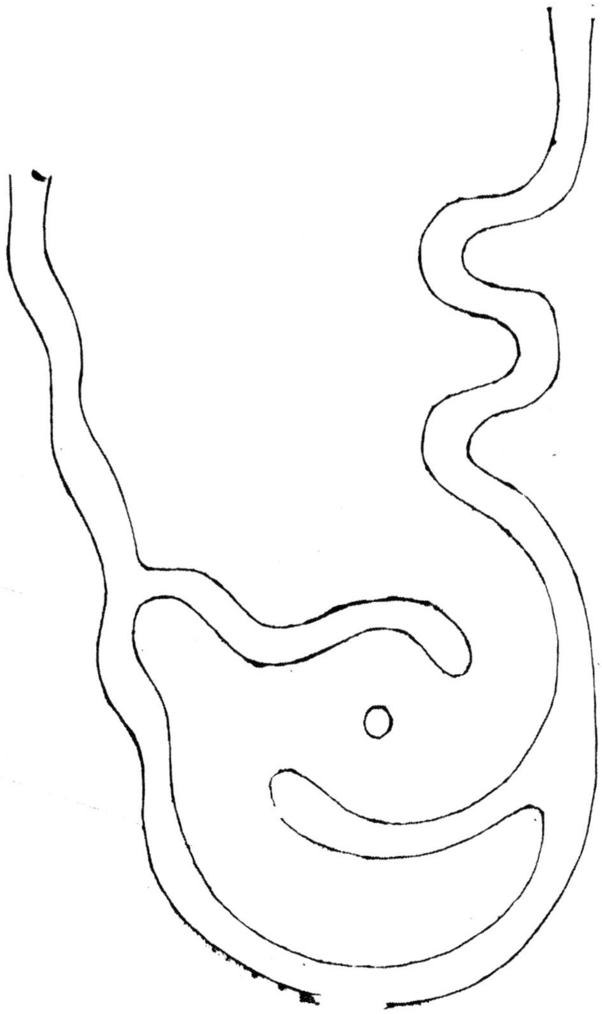

曲水當面朝來不厚不薄揖揖整齊或左右就身環抱縱元武纏
廻而去此勢極秀若員抱緊夾不寬不狹法當湊前曲水立穴若
就身環抱寬大深長而湊前立穴恐真氣刼洩于後雖得親就曲
水而失氣脫穴亦不發福即當于曲水後求枝水兜揷在于何處
若兜揷中間法宜立中穴兜揷于後面元武前宜立穴坐元武水
作回受穴只要穴前望得曲水雖遠如在目前乃妙如局内別無
枝水揷界須以人力為之無使其氣刼洩脫氣但要迎受得秀水
着耳經云曲水朝堂秀而可穴纏護緊密湊近迎扞若還寬大發福必遲

水纏元武格

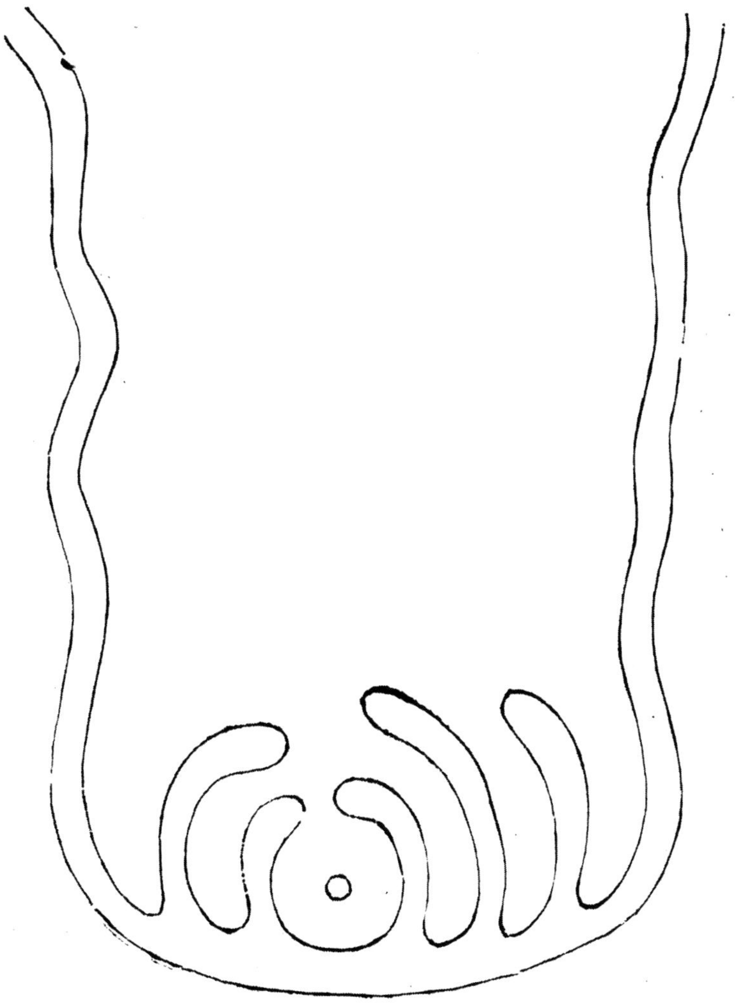

凡回受穴多是水纏元武格俗師云坐空割背着妄也只要天源流水從東面西左右得枝水揷腹重重包裹割界結咽分合清奇其福力亦大若從右邊來繞元武出東南去北繞青龍者稍輕以水向東流者常也嫌于順水若從西南向北轉繞向南而東出穴向朝西得水繞元武其福力與繞青龍纏元武相同以逆勢也百子千孫富貴三百年不衰凡元武水纏須得數百步之外便彎抱拱夾仰流而去方顯正格若面前滔滔橫架而去不見回頭此又不可以水纏元武論也水纏者回遶彎抱之謂也

順水界抱格

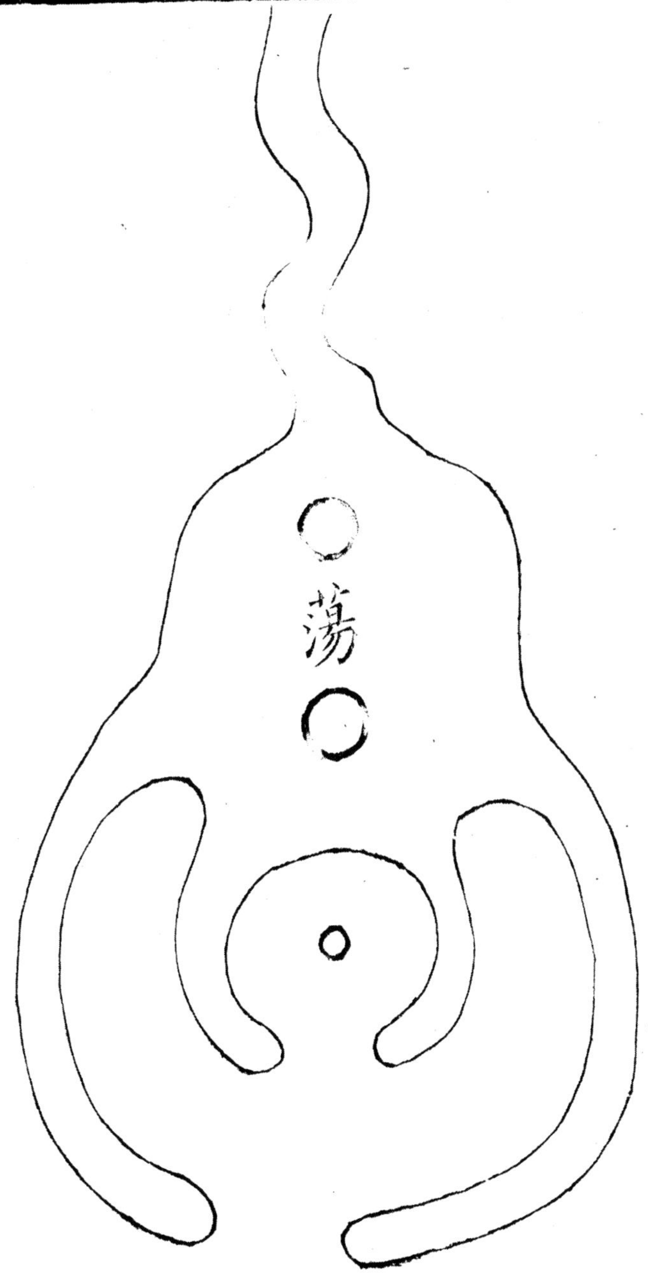

一片大砂周圍四水團聚中間郤揷一枝水屈曲直至大砂中腹或分作兩路割界于左右裁成龍虎砂緊夾于穴外穴前蓄成一河蕩或五六畝十數畝涵聚于穴前雖元辰向穴前出去然得屈曲如之元不見直流又得聚蓄不淺則其形勢尤佳不可以元辰水直出而棄之也亦主發福一二紀財祿不甚厚人丁盛而不秀小貴而已河蕩中得一砂蓋過不見前水出去乃為可貴如無小砂蓋過三四十年便見退敗

順水界抱格

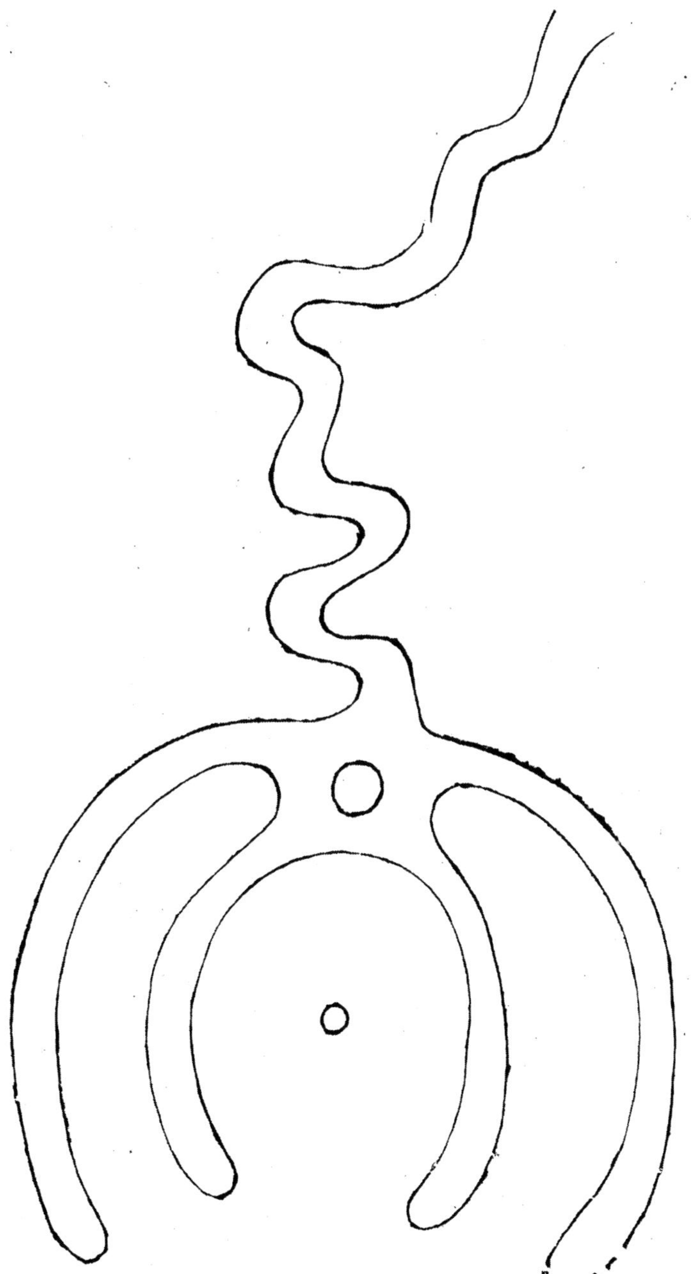

此勢與前局同但無蓄聚水涵于穴前若明堂無聚水却得前面枝水到堂三四摺如織女抛梭東西包裹砂頭雙雙抱護雖無蓄水因其曲秀枝生自能發貴丁財亦盛

順水曲鈎格

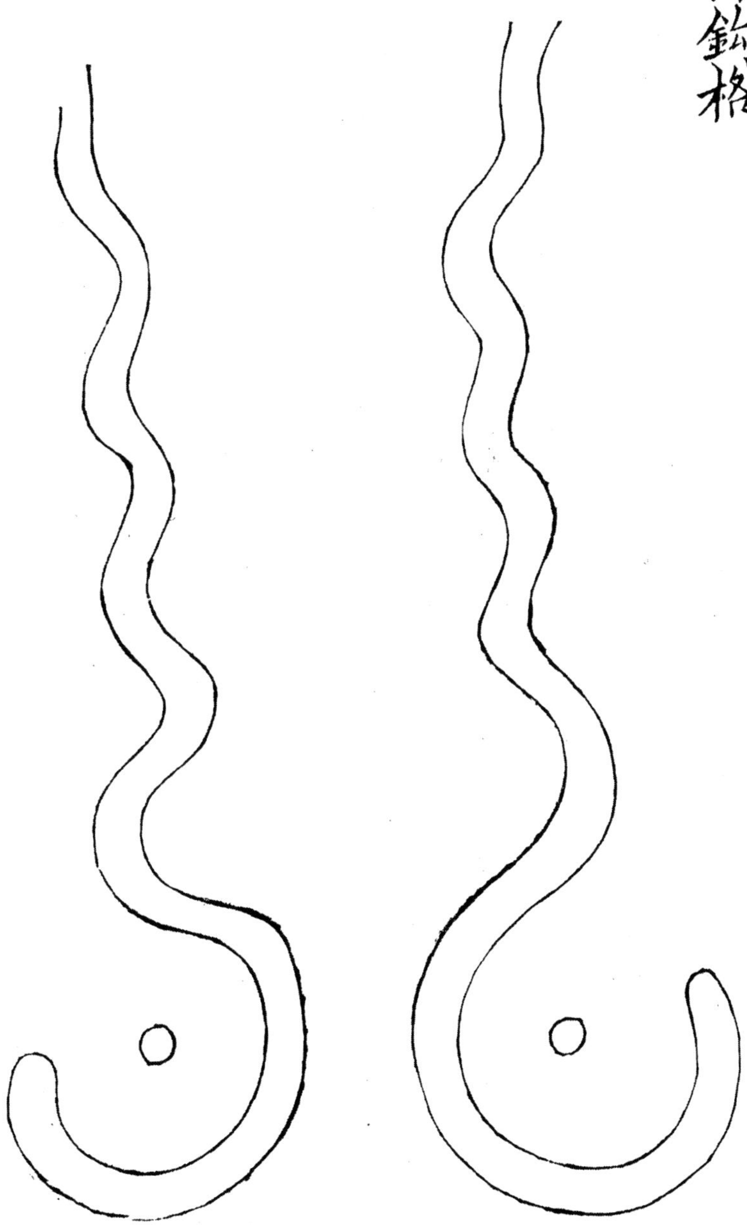

曲水垂勾有兩勢。有曲水横来到頭却干盡處上仰作鈎。有曲水直來到頭却于盡處轉抱如鈎。此二勢俱可立穴。但要水来屈曲。不踈不密不牽不拽。揖揖整齊。或迎曲水來處立向。或取曲水作朝。或於垂勾盡處立穴。主年少魁元奕世貴顯文章名譽鼎盛一時。

曲水倒勾格

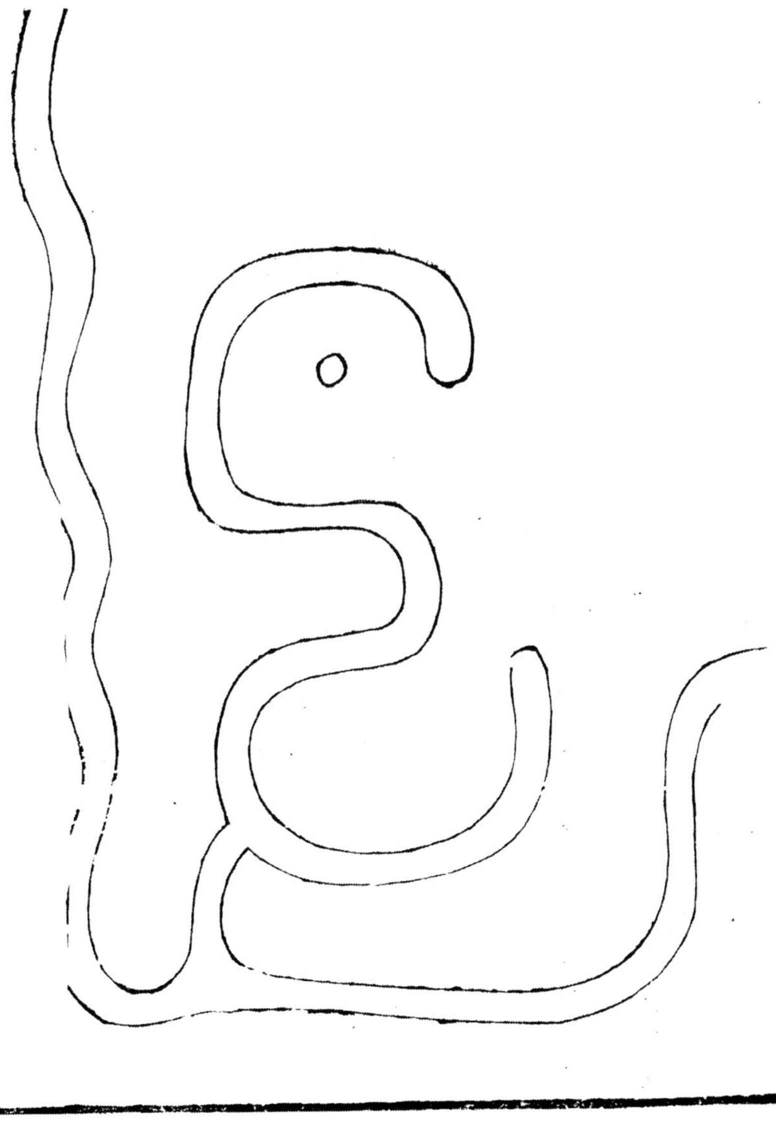

青龍有水屈曲就身抱纏元武回頭顧家而去此繞青龍纏元武勢也却于元武揷一枝水摺入腹中作一挽水勾形穴之亦能發福穴前雖無吉秀而砂水朝應坐脉穴後氣脉完足丁財極盛貴而悠久真佳格也

斬氣迎朝格

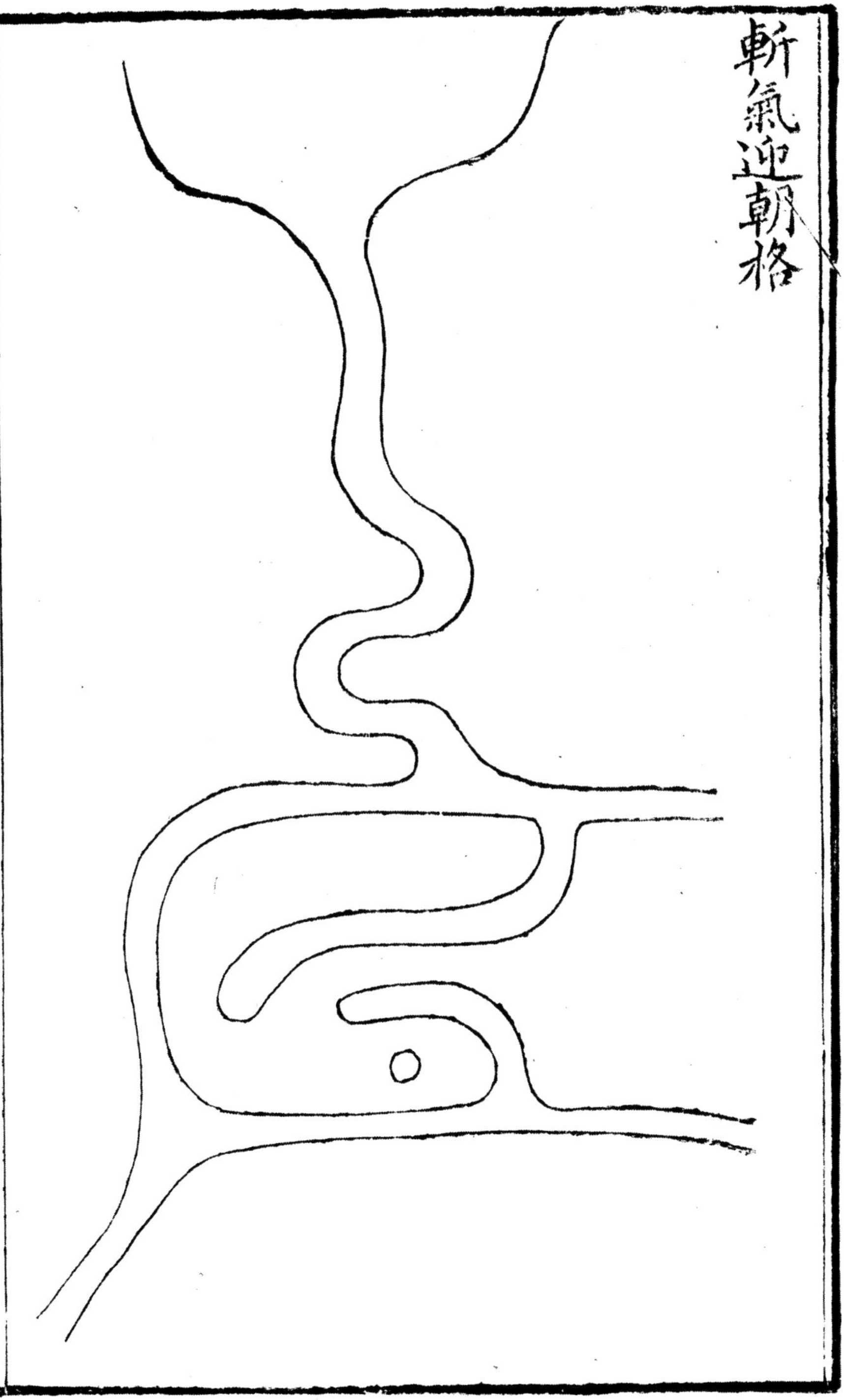

大江大河。于前遠遠屈曲而来。與大江横架水交會。其交會之處。並無枝水收受蕩散龍脉。似難立穴。却于數百步之後又有一水横界中間。有枝水捵進腹中。如勾或勾左或勾右。與曲水相對。雖遠數百步。望之如在目前。即于此處斬脉立穴。以迎前朝曲水之秀。名斬氣迎朝穴。亦主發福。但不悠久。以龍脉未盡故也。若得左右夾界重密。元武水仰抱如弓。福力必大且久。因朝遠而不近就。故應遲發數十年後。發則暴而盛。以江河勢大故也。

斬氣迎朝格

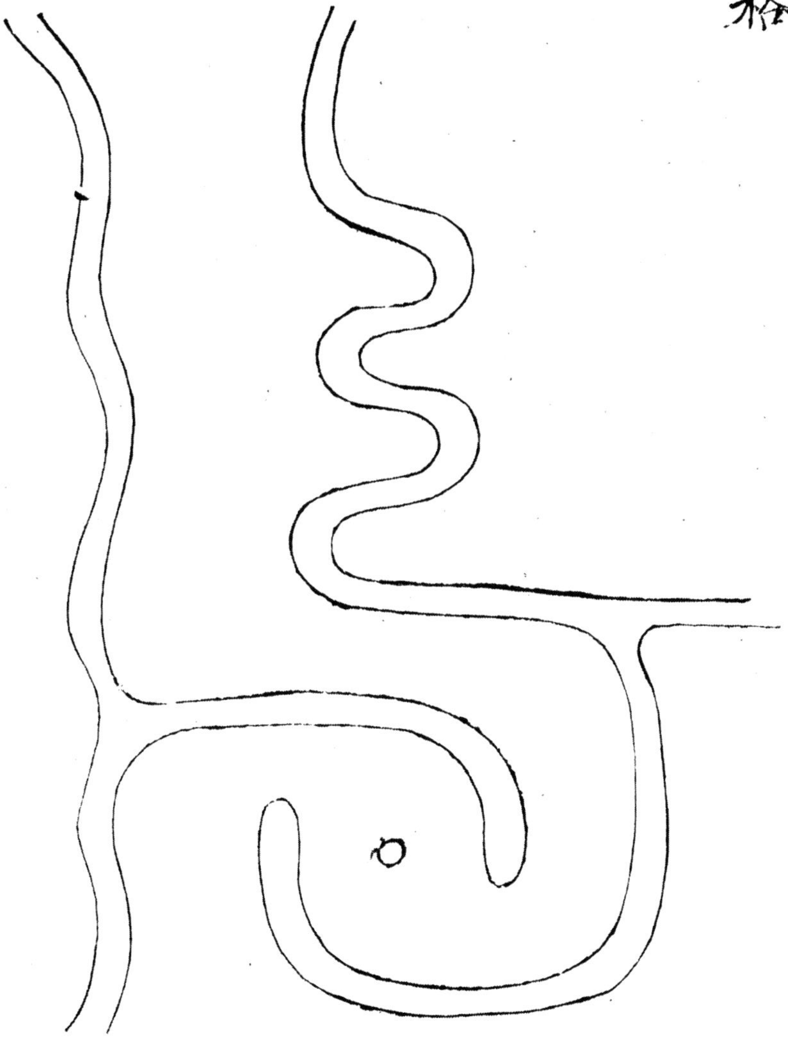

曲水遠来到結局處竟橫架而不見回頭此本入懷反跳之勢理無可取然曲水三橫四曲摺摺整齊不牽拽不斜竄其形勢秀而可愛若得有枝水揷入秀水之後彎抱如勾本局又得枝水揷入于後仰兜如勾其龍脉雖未止歇郤于交鈕處斬氣立穴仰乘曲水之秀亦能發福曲水近在目前只發二三十年遠在百步之外三四十年始發然終是曲水反跳不得歸元就身富不過萬金貴不過三品兩代即衰入籍他州亦出魁元

遠朝偉秀格

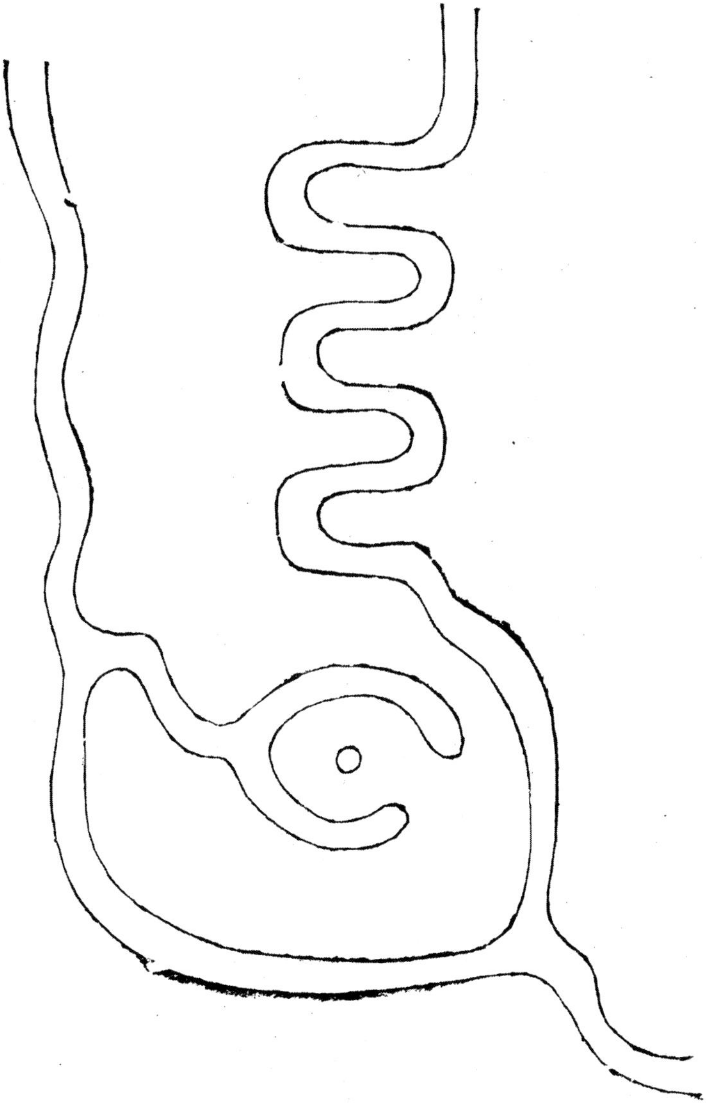

曲水朝堂。從左轉右。灣灣就身繞轉抱。又得客水從東来纏元武。與曲水合于局後。此亦兩来成勢。而曲水之內並無揷架成穴。反于客水揷一枝水橫架于曲水之後。乘受曲水之秀。所謂以李接桃。名曰邀倖。主移居易姓。或贅婿過房發大貴。或遠鄉冐姓冐籍發科甲。或于四夷邊疆立功業。或文人立武業。武人立文業。或于他途立名者有之。然局勢周密。氣脉完固。亦主人丁繁盛。累代不絕也。

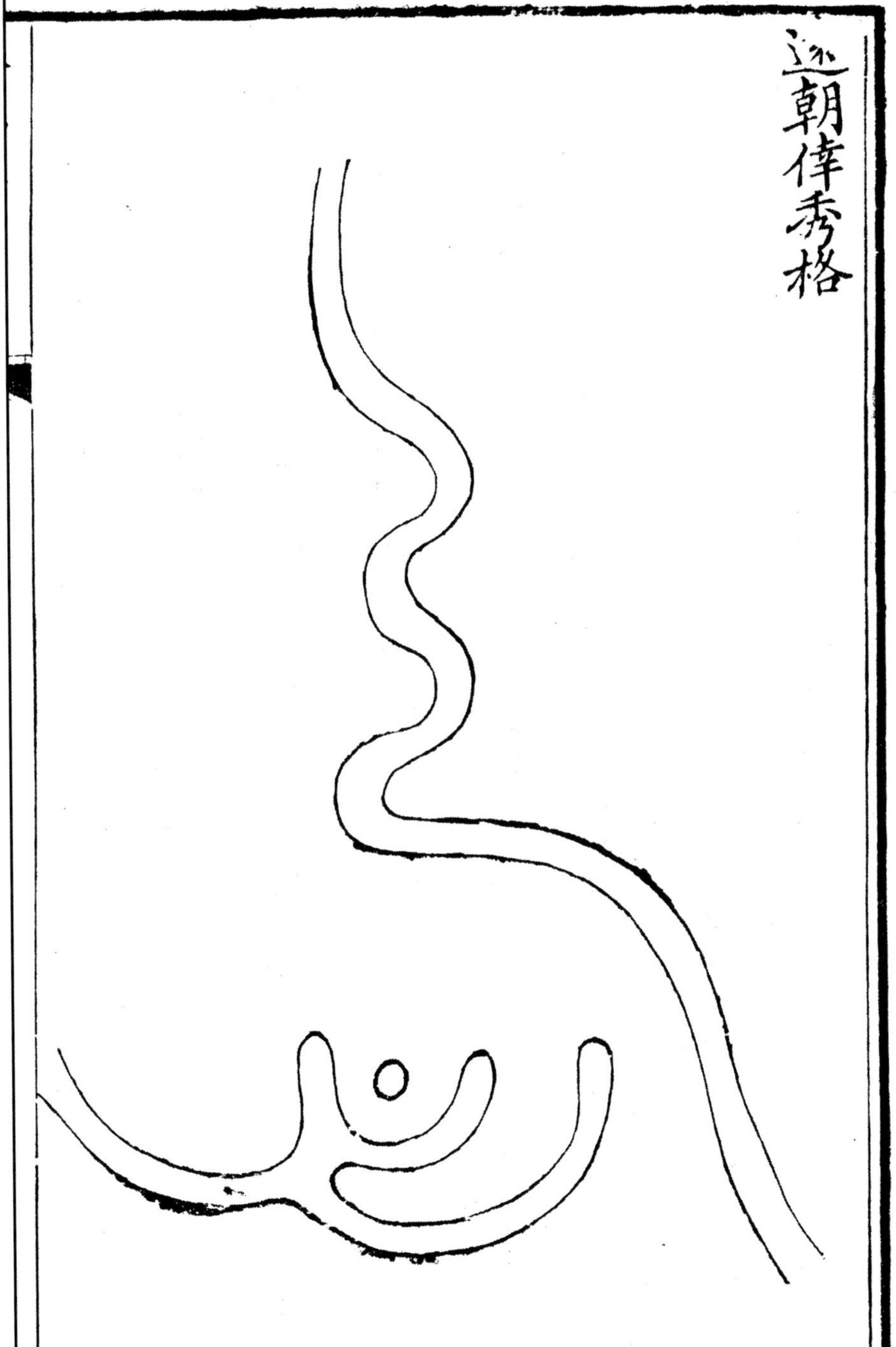
逆朝偉秀格

凡遠朝俸秀須得曲水當面朝堂或倒左或倒右本局無枝水插界成形却于他方外水插下割成金盤仰掌勢托于曲水之下亦名俸秀若穴後又得枝水包承元武與曲水合從一路而去則水口當以曲水為主若後面水不與曲水合流則水口當從本穴枝水去處論其去水處屈曲回頭交鎖織結不至洩漏方為大地至曲水去處雖不屈曲亦不為害蓋曲水乃容水不過邀其秀以發福流之曲直無預本龍故只以坐下元辰去水為主此等地當以過房入贅而發或他途冒籍登科也

流神聚水格

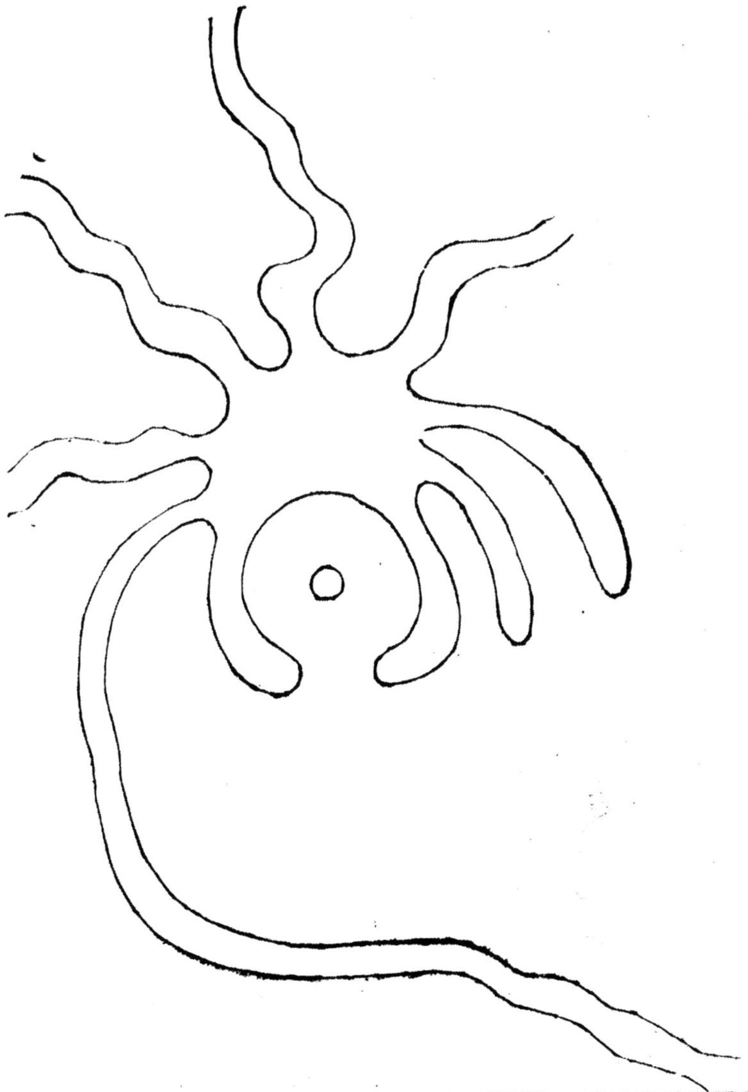

十八格惟水聚堂第一。盖水為財祿富貴之樞機。故水神渙散。無所收拾者。不惟不發。亦主敗絶。是以古人論水。不曰蕩然直去。則曰水無關闌。務得局前水聚蓄。方為吉壤。此勢左右砂頭朝抱面前。又見衆水朝流聚注成蕩。只通一路。或纒元武。或過青龍。此來多去少。所謂朝于大旺。澤于將衰。豬而後洩之勢也。垣局周密。衆水聚堂。成十全之大地。主百子千孫。朱紫滿朝。三四十紀之福。長中幼三房並發。但蕩不宜太寬。太寬則衆人之水。非我一垣之水。情不專而發福亦不專矣。

流神聚水格

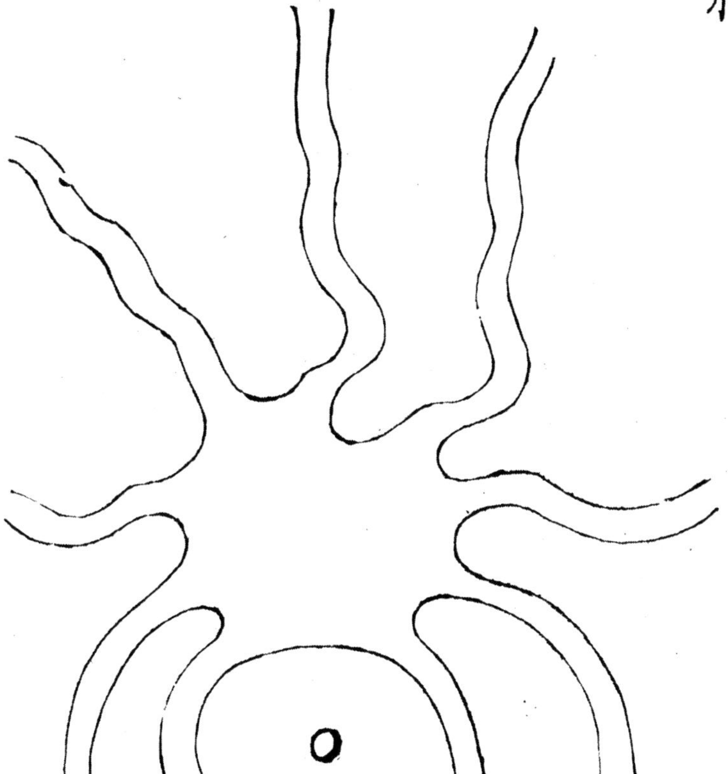

凡是兩水夾來隨龍交合于局前其水多從明堂前直去人皆指為順水地順水龍豈知結地水未有不向前去者只要去得屈曲不見直去局前宜蓄水不至徑來徑去為貴耳蓋瀦而復流積而後洩雖去不害其為吉但局前無池沼蓄積則其去水無交鈕向前直去斯為忌耳似此三橫四曲顧我復流悠揚眷恋似不忍去此正為顧家水也前顧家者發近而速後顧家者發遠而遲與過穴廻抱局相去不遠豈得以順而棄之哉

流神聚水格

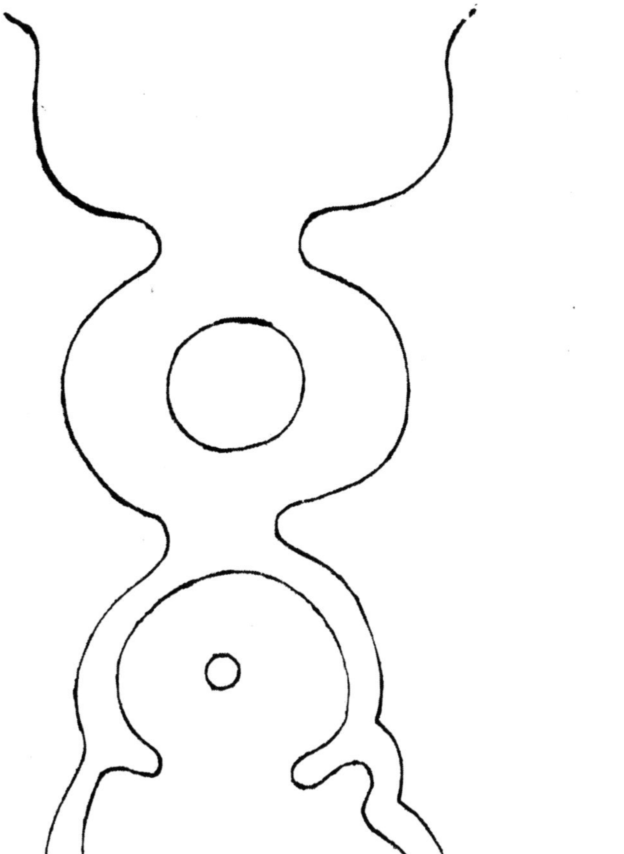

元辰水從穴後分開左右兩路隨龍向穴前合衿而出却聚成一河蕩左右砂角雙雙朝抱湖蕩中間小砂或員或方或長橫浮水面交鎖關闌亦不見水口冲射雖是元辰水向穴流出而聚蓄汪洋與元辰水直出之勢大相懸絕主大富大貴福力悠久若穴前湖蕩中無砂角攔截亦不為害只要左右砂嘴拱抱為佳不可以元辰水直流指為順水也賦云元辰水當心直出未可言凶只要湖蕩蓄之橫案闌之乃吉

流神聚水格

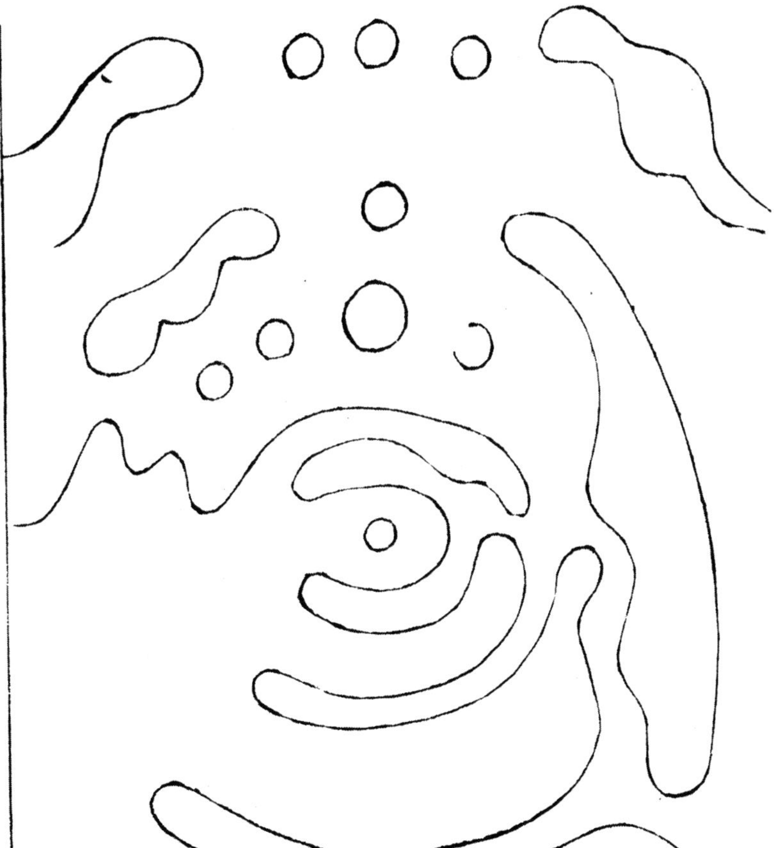

此亦類湖蕩聚砂格。而本身穴後界水多。肉氣足。與一片平坡者不同。

流神聚水格

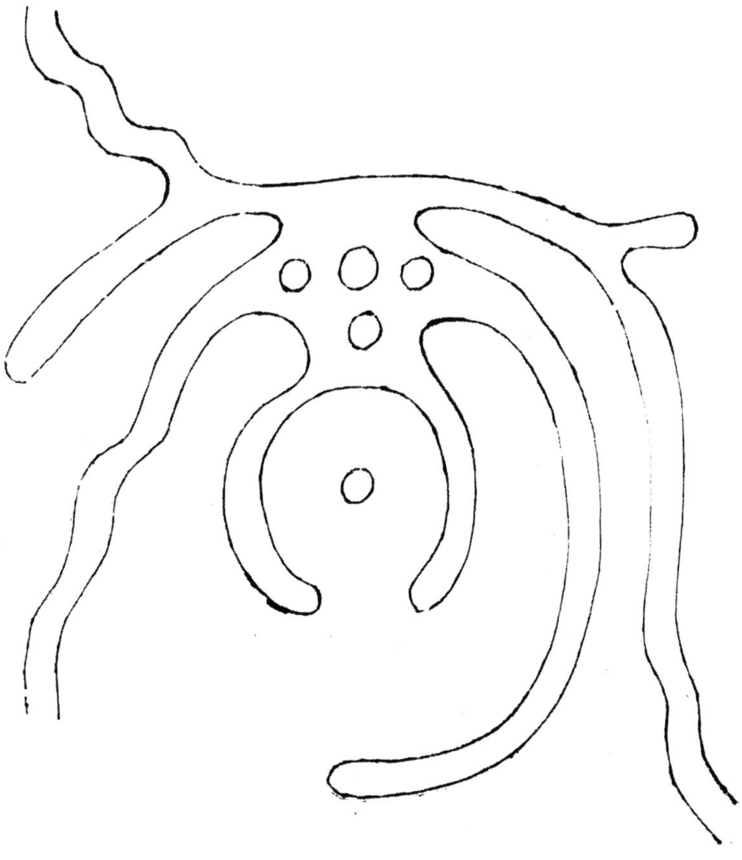

此勢水聚明堂兩水夾拱于左右與前横水合流或過左或過右只通一路出去穴前蓄水聚蕩或聯珠串內明堂龍虎重重拱抱亦大地也局前雖朝陽揖拜爲要下砂逆水揷得緊密似不容水神流去則精神凝聚而不滅于衆水朝堂之局主仕而多資穴前無秀水科第不獲名魁內外堂有三兩重關鎖亦主三四十紀福力過二紀後貴雖不大而財祿豐肥因水静專而不蕩洩故悠久耳

一水横攔格

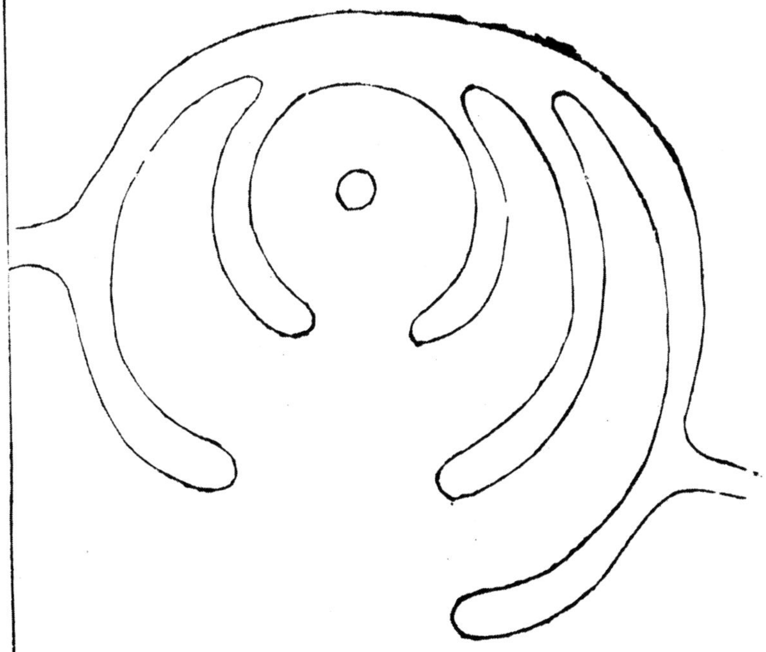

經云。好水如弓上弦。好砂如僧坐禪。此言水欲其彎抱。砂欲其端嚴也。又云。水要彎環。如玉帶抱身。廻繞坐專城。又云。外水如帶。内水如勾。堂氣完固。立伯封侯。碎金賦云。砂要曡曡。砂穴不破。水要纏身。氣自全。若外如帶。而内直長。不鈎向于内。此外是而内非。書云。来不結咽。真氣散。今此地局。前界水灣抱如滿月形。左右水又見就身繞轉。其外堂垣局周密。坐下左右環拱。勾揖結咽。前合流分水砂還。氣朝顧有情。穴之主。百子千孫。福祿悠長。公位均平大格局也。

一水橫攔格

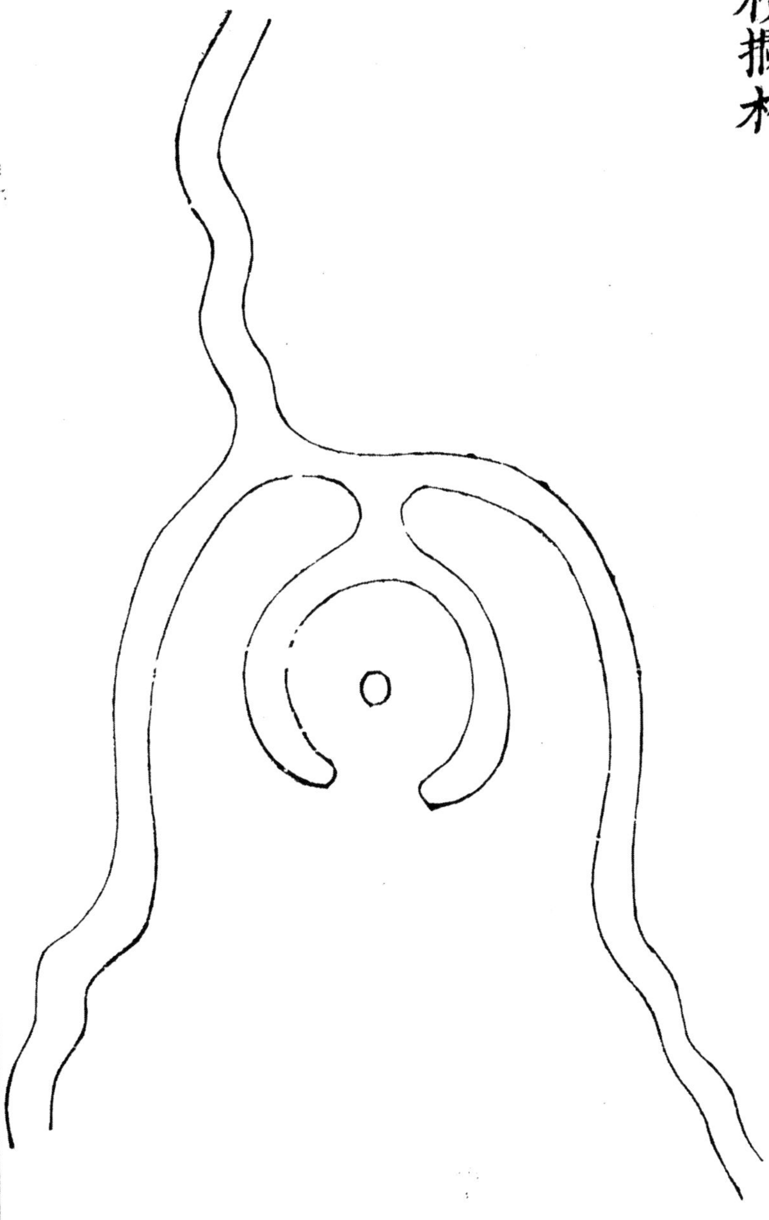

書云穴看左右鐸水看左右砟三陽看城郭明堂看四角此格穴前水環抱如弓如帶或從左来貼身或從右來貼身緊夾兜收並無渙散中間雖無枝水捕界氣亦完固若或寬大必須枝水收聚得此形勢穴之主發福悠久若局前更有曲水或遠或近悠悠揚揚朝揖于前不問左来右來俱為秀局主翰苑聲名之應左秀倚左發長右秀倚右發小左右均平則三房俱發

水橫攔格

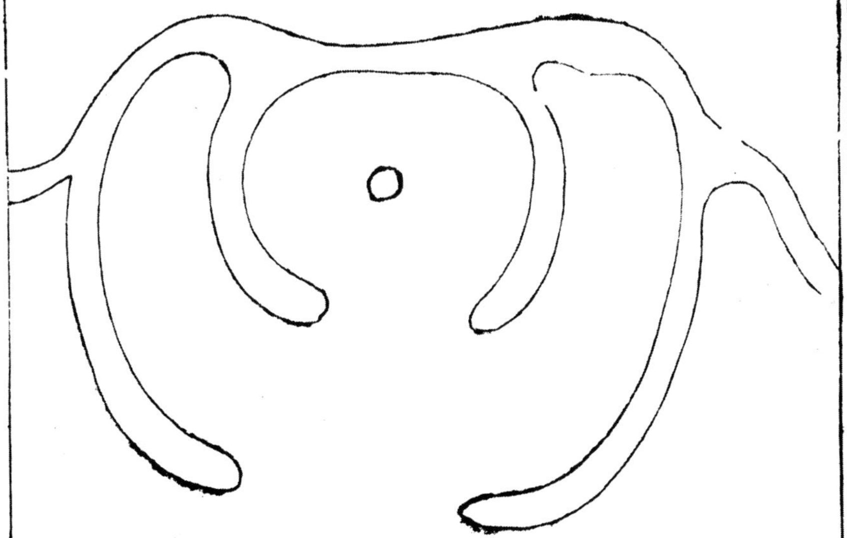

腰帶水左右砟下縣夹包裹其水城形勢收界龍氣有力經云界水所以止来龍若水横界而左右不就身環抱亦不為妙此勢局前水環抱如帶後有結咽前有包承此水法之最佳者當面若有小反亦不為害可以人力改員或内堂左右各開腮水捶進作内蕩則不見其反矣此地三房均發福力悠久數世不替

界水前抱格

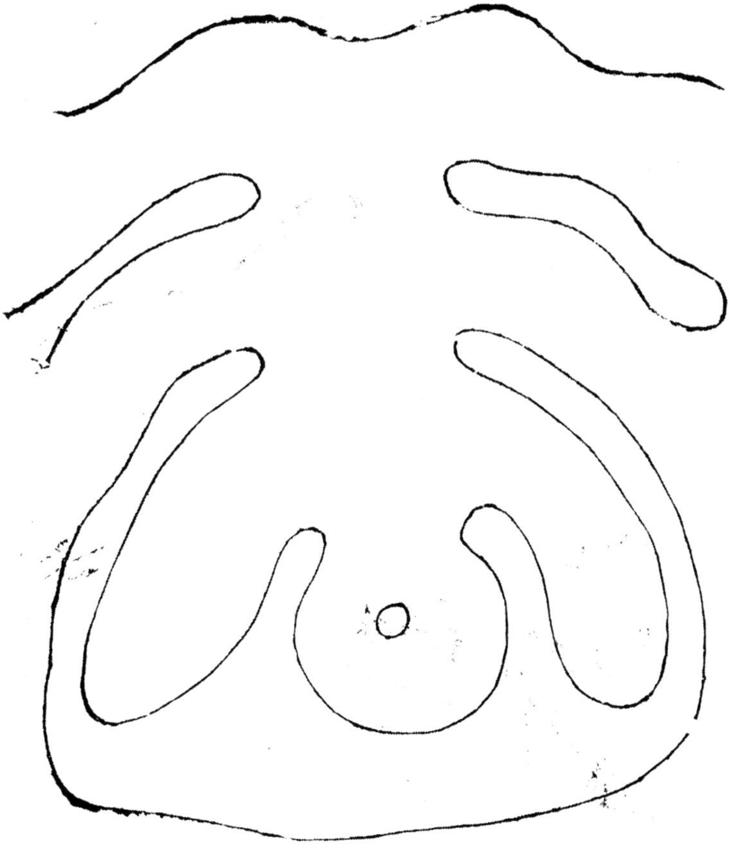

此勢局前枝水排入包抱左右砂氣緊拱似乎有情然湖蕩在坐下砂角雙雙飛散則前氣雖收後氣不蓄前為外氣後為内氣外實内虛此等地僅發小財終無大福官貴絶響人丁亦稀

界水外抱格

此勢龍虎重重朝抱局前灣環如弓此形勢之美者然穴前左右砂角硬直無情外形可觀內形似覺硬直賦云內直外勾儘可剪裁以人力掘去硬直使成灣勢方為大地

湖蕩聚砂格

亦名雙盤龍勢

砂水團雲勢有雙盤龍單盤龍凡盤龍結穴須砂水團繞周旋委曲如雲之圍繞方成盤結而氣聚不散若無委曲盤旋之勢雖回頭朝應非盤龍結穴也此勢雙盤而左右客砂重重旋繞如雲之護日故佳又盤龍結穴在局中必得蓄水于內明堂或小砂照應得此形局發福最悠久雖穴不盡真縱不大發亦不大敗房分均勻貴而不驕富而不吝男女貞潔風聲可愛子孫守節而不濫或有被徵召而不仕者皆氣脉潛藏之應也

湖蕩聚砂格
雙盤龍勢

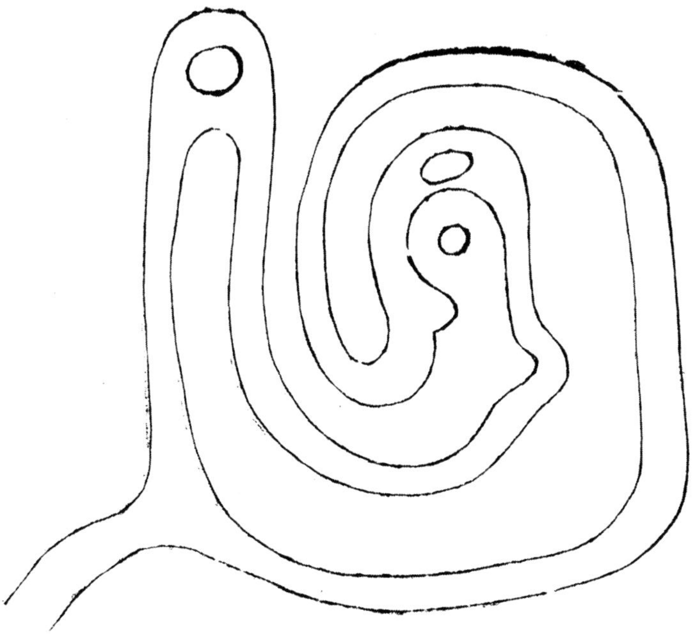

凡砂水團雲勢多結盤龍穴。一條水入。一条水出。周圍盤結皆在局中。結穴處須要水寬聚成湖澤。其中涵得氣脉溶活方妙。不然成裹頭城矣。裹頭名巾幗。水穴氣窘逼。不得流通。反成絕地。經云山囚水囚虜王滅侯。蓋其義也。此圖穴前湖澤汪洋。聚而不迫。穴之自能發福。子孫悠久。更出人孝弟聰敏。或于巧藝中成名。發財以龍水秀曲也。

湖蕩聚砂格

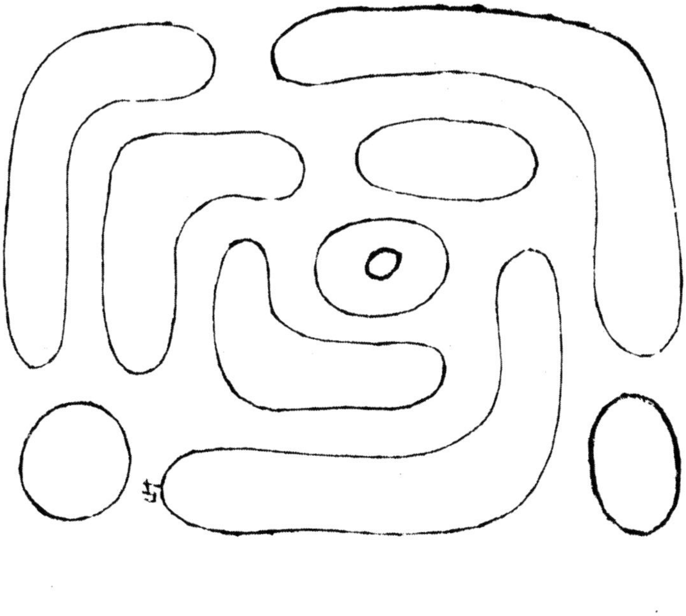

前後各有長砂橫架。左右各有直砂包裹。中間卻得小橫砂。或三四畝或七八畝。並無枝水插界。藏于衆砂之中。左右直砂角角回頭。勾搭包抱。左右前水後水。雖四穿八達。穴中視之。毫無滲漏。正如車輪之湊合。團簇周密。衆砂歸向。不敢反背。則真氣聚矣。凡看地先要看左右前後。朝向何處。若雙雙回頭向于內。即于中間尋中正不倚。或大或小處求之。若有反背砂。或向內或向外或反跳。即非真氣所聚之處。不必求穴。全在目力之精。心思之巧。體察其情實。見得其真。方無差漏矣。

湖蕩聚砂格

湖泊之處。多有小砂。或二三十塊。或一畝二畝五六畝。團簇抱聚。中間包含湖蕩。其砂點點印于水面。若浮鷗泛水。小砂之外。却有長砂周圍包裹。小砂于其中。左右前後見水穿漏。而外有大砂長砂角角包裹。不見缺。方成局勢。却于中間小砂認出一中砂。頭面端正嚴肅。而前後左右小砂。雖零散而寔朝顧攢簇擁護。不遠不近。不踈不密。其外面更得大砂灣抱。周密完固者。此大局也。其力量雄盛。誠大貴之地。若中間雖有小砂。而不得湖蕩含蓄其秀。不顯露。雖發貴而富不甚厚。主出文翰之貴。但小砂不鵞頭鴨頭方妙。

湖蕩聚砂格

湘漢之間及浙直等處地最低薄古時開闢田地多是填低就高各因沙汰以成田故多小砂攢聚成勢之穴然多大小不均橫斜不齊零散而團簇者少凡是此等地面亦有結穴者須要隨砂詳看砂頭朝向何地若見攢簇整齊不踈不宻便去群砂之中尋得中立之砂四顧有砂包裹不覺露氣藏聚含蓄此地極佳主百子千孫富貴悠久朱紫滿朝之應其穴向當視小砂中處正面迎受方美若小砂多而大砂遠抱恐近身穿漏必得穴砂左右有貼身金魚水縈抱以護漏風則氣益固矣

湖蕩聚砂格

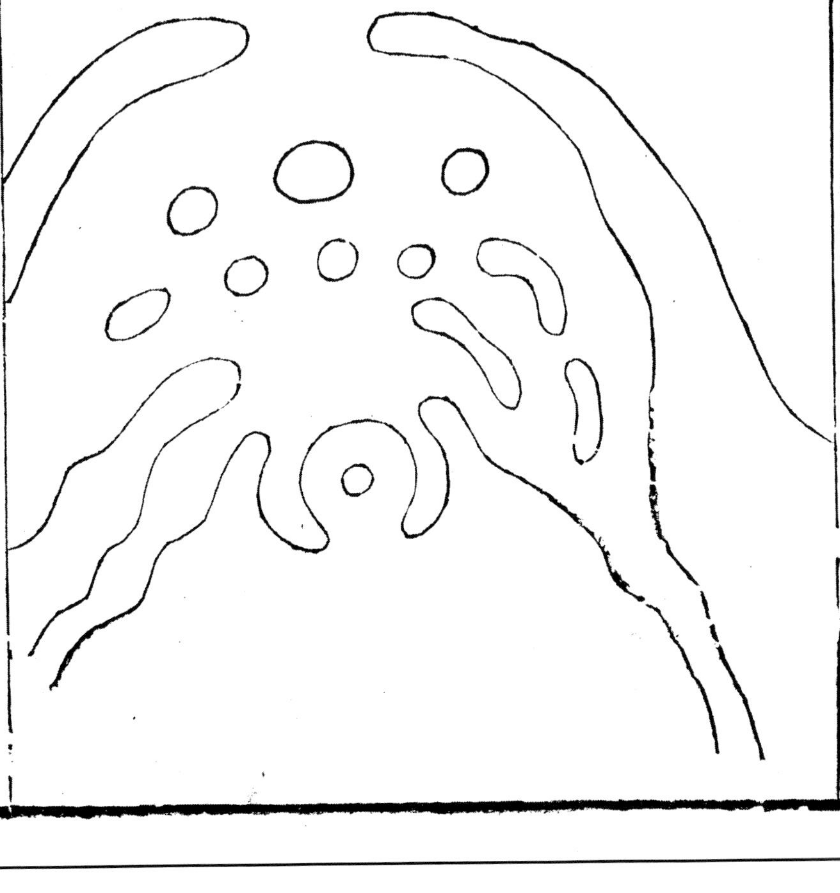

積水灌堂水蓄成湖或一二頃或八九十畝郄于穴左右起砂條條夾身逆水插出護衛區穴或四五重六七重雙雙回頭朝拱形如勒馬其力量最重是大地也世人或以後龍散漫過峽束氣不清而棄之悞矣

湖蕩聚砂格
亦名踢毬勢

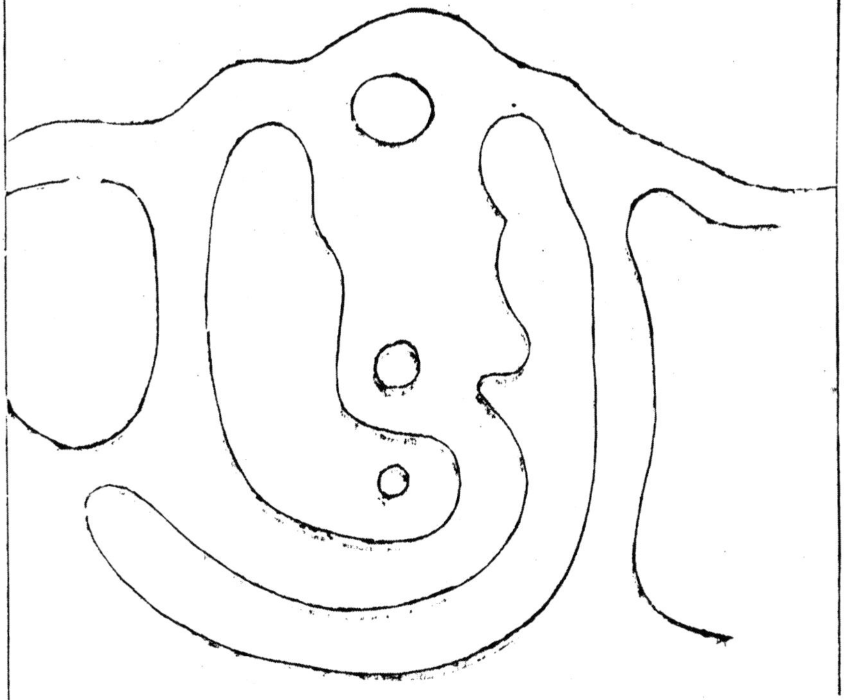

砂形勾踢如馬蹄如靴頭如皮刀口客砂包纒于坐下穴前蓄聚來水成湖一水单纒元武左轉兩砂自相包裹垣局完固並無水割亦大地也水自右来穴宜右迎水堂局端正不見斜側穴宜正受湖澤方佳雖無蓋砂熠應亦吉若聚水直長必得水中小砂照應爲美蓋明堂水喜横長如几不宜直如竹也主富而且貴子孫代代榮顯若元武水倒纒入明堂竟向前而去穴宜横受方吉

湖蕩聚砂格
雙踢球勢
又名鴛鴦鈎

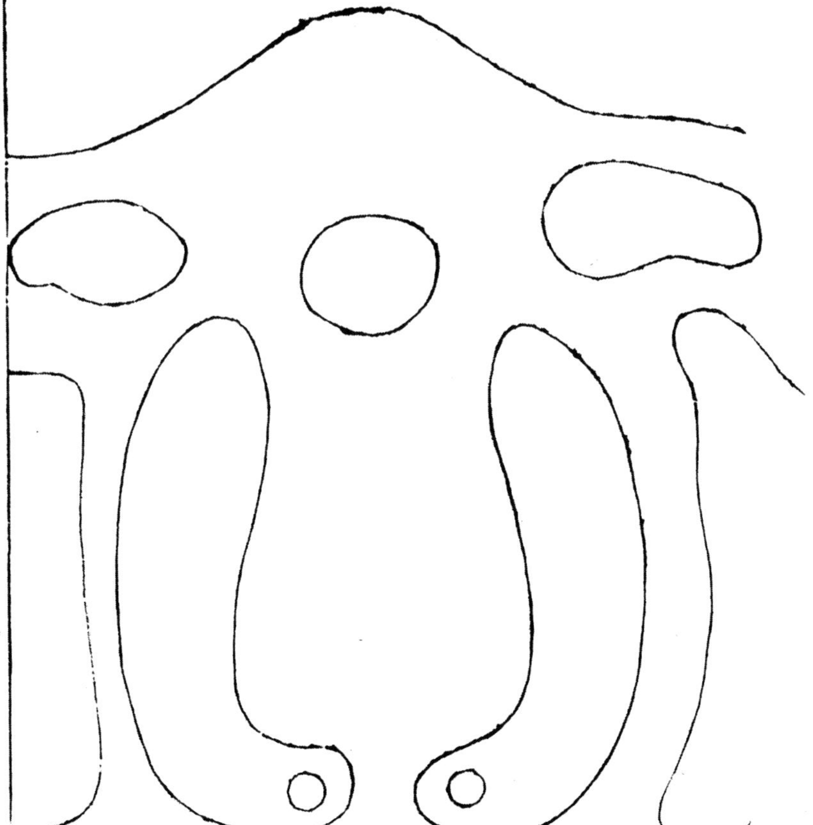

內漲河蕩。左右兩砂相顧。中通過穴。雙雙回頭。若內蓄水長直。須得蓋砂護覆。不見明堂水直長方。妙左右兩砂各自結穴。故曰鴛鴦垂鈎勢。其形皮刀靴嘴相似。當就彎處扦之。轉身向上方有力。若側扦之。則不發秀矣。此地主科甲聯芳。但初必先因財致貴。或納粟奏名。後發文翰。貴至腰金。官官相見。左穴先發次房。右穴先發長房。多主孝弟忠信。子孫繁盛悠久。若扦穴太進。則氣散而不收。難以發貴。兩穴同斷。

湖蕩聚砂格

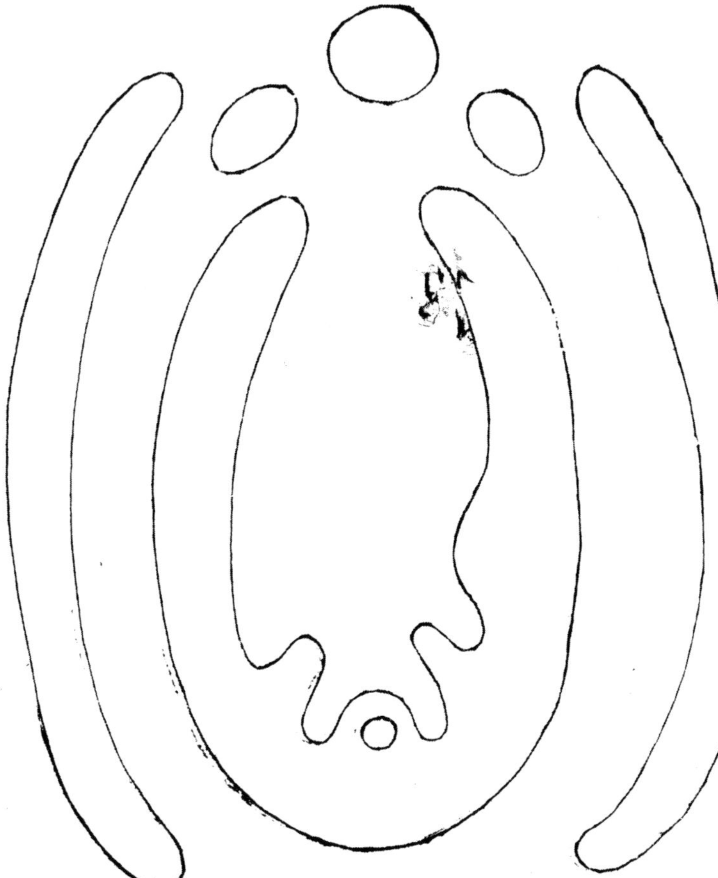

凡群砂輻輳有五勢有穴前聚水遠砂朝應者有水聚明堂近砂夾輔而遠砂拱衛者有本身綿長直出湖蕩外砂遠應者有湖蕩中群砂朝繞自相輻輳者有群砂內聚而外有大砂包裹者皆大地也此局水聚于明堂得近身砂襯貼前有湖蕩而遠砂拱夾外砂拱水外水夾砂其局勢更妙更得穴前或遠或近有砂呈秀富貴極大若左右拱夾雖多前面無砂作應則堂空無物富而不顯

湖蕩聚砂格

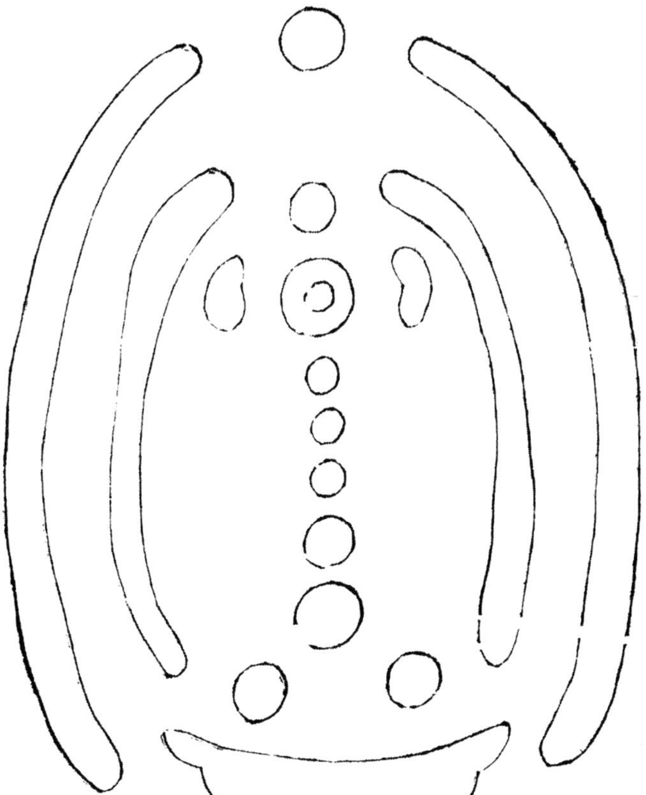

蕩泊之處。多有結穴。如波心蕩月。如雁落平砂。又如浮鷗點水。審而穴之。無不發福。

湖蕩聚砂格

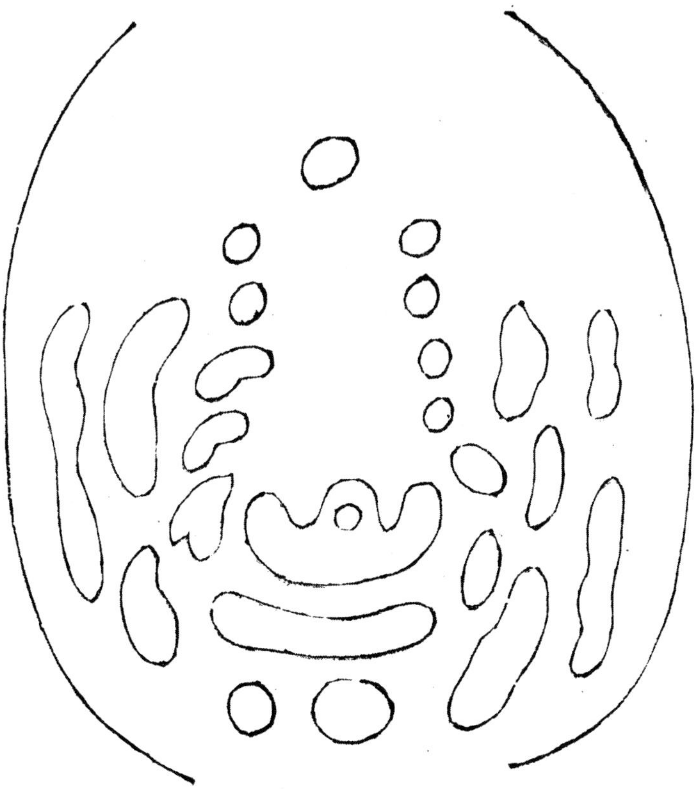

洲泊河蕩之處。一望無際。中間或有小砂數十塊。或數百塊。大則五七畝。小則三二畝。或蘆間草渚圍簇于一處。却于中間求看內有大砂或十畝二十畝。得枝水插界。緊身包抱。左右小砂或長或短。簇擁團聚。如蜂之從王。隻隻回頭向拱。小砂交鈕如練之聯屬。重重疊疊。不見穿漏。坐下近局有橫砂以攔于後。穴前小砂點點如鷗浮水。橫列如排班。倚列如衙隊。分列如亂羅。倒殼團列如屯軍。匝帥有此形勢。主威震邊疆。或統軍大將。或割據一方。或分茅定伯。若前有倒旂反砂。主出强梁之人。

湖蕩聚砂格

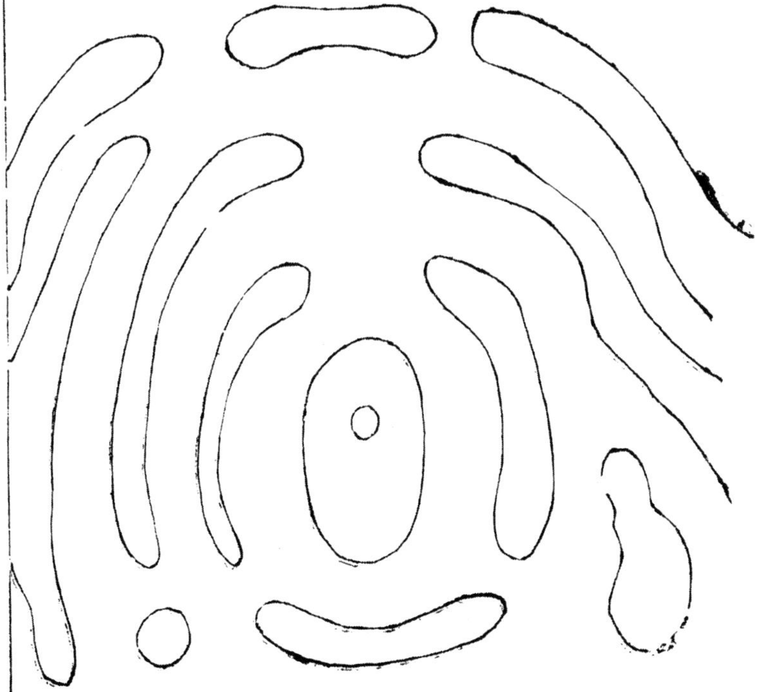

河泊之穴多有群砂團簇或遠或近四顧朝應中有一砂端肅齊整中處望之左右前後各有長砂抱之雙雙回頭顧穴如大將之坐營而衆軍之執戟屯列也如官之坐堂吏卒之排衙唱喏也四畔俱係湖蕩相去或半里一里視遠若近而群砂紛紛拱衛如在目前如拜如俯如揖如伏整齊震肅而坐穴有橫砂架攔于後不致滲漏如此形勢主立伯分茅富堪敵國百子千孫萬福悠久亦主子孫孝義世出忠良

湖蕩聚砂格

群砂輻輳衆水聚堂左右各有長砂二三重抱衛于兩旁砂頭向
堂回顧不硬不直又不反背坐下更得托砂坐于後中間有一枝
水界出龍虎坐實中位向前遠砂左右趨堂勢若排衙如拱如揖
中含湖蕩外有遠山或長砂為蓋照湖蕩寬濶中有小砂如星如
月印于水中排列如班此形體格局之最勝者也主富貴綿遠出
宰輔産英賢千子萬孫世所罕見

湖蕩聚砂格

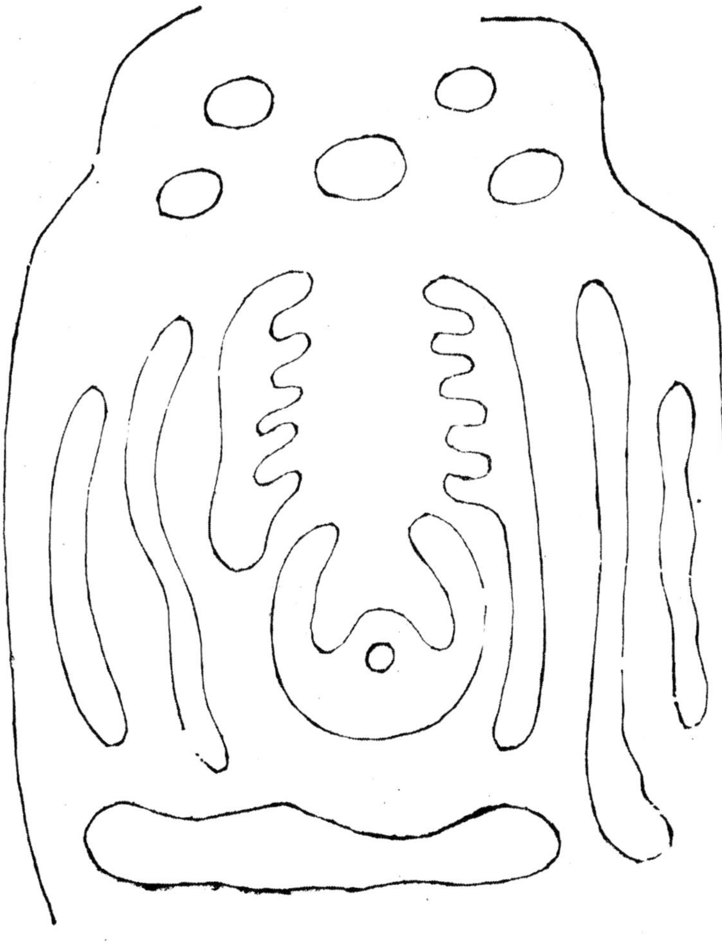

大湖大蕩數千頃。于中間突起二三片地。大者數百畝。小者五六十畝。團簇拱聚。面面相顧。洲角兜收。隻隻回頭。如衆犬之聚食于槽者然。即于中間審認何砂端正尊嚴。有無枝水界割成局。中間如有界割枝水結咽。分合件件明白。的有明証。便看明堂左右朝抱如何。若見朝抱有情。蕩水收進。蓄于穴前作內明堂。局前更有遠砂蓋照。湖蕩雖大。而局前視之不覺寬濶蕩散。垣局周密。乃大地也。穴之主富堪敵國。貴並王侯。分茅列土。貴專一方。以湖蕩中精神獨擅。而人不得分受之故也。並以砂水朝揖之多寡。定世代之遠近。朝拱之砂。多多益善。

湖蕩聚砂格

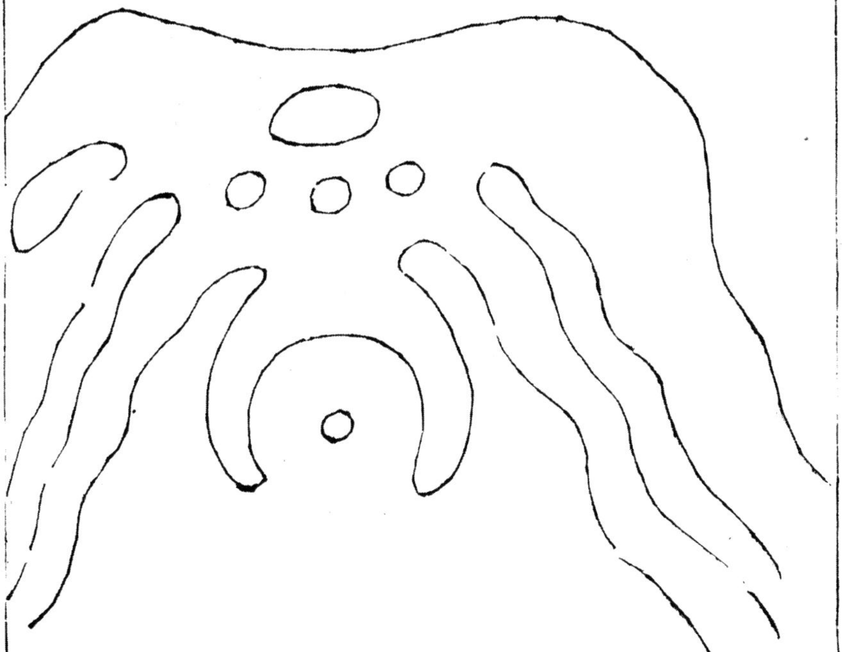

此勢前面湖蕩千頃橫盖于前。局後曠蕩無涯。又得枝水揷界成局。穴前再見小砂盖照。不致蕩散寬濶。則精神完固。穴之無不發福。凡此等地。不必問水之去来合法。只當審氣之聚止何如耳。主富貴並美。福力不可量也

曲水斜飛格

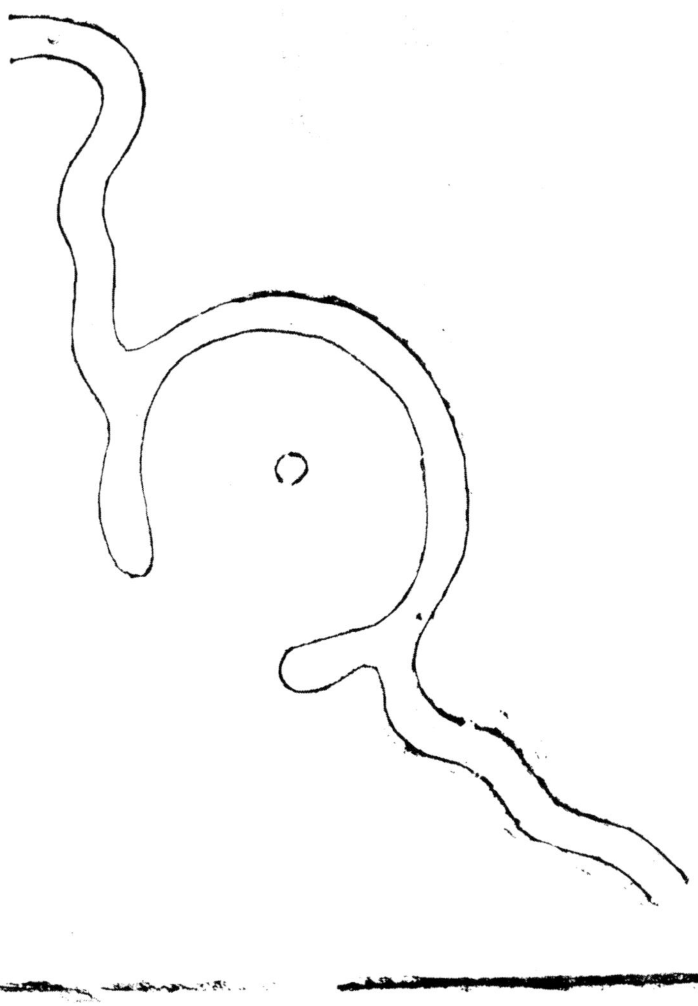

凡水来去。要朝抱就身。尤要彎環委曲来要之玄去要回頭纏遶此勢穴前左来右抱就身似為可穴然形如之字雖見屈曲而勢如棧索斜曲不秀謂之斜来則可謂之朝堂實非也其右邉去水雖見就身托局然不遠即反跳斜飛更不回頭顧家則去水似是而非其貼身左右枝水縱裁割如畫穴之僅可暫發不能悠久若誤認水玄如帯是得一而廢百也盖水城固要圓抱而来去亦宜朝拱書云棧索曲斜来此處莫安排又云水若回頭號顧家水不顧家家必破觀此而水之来去可例明矣。

曲水斜飛格

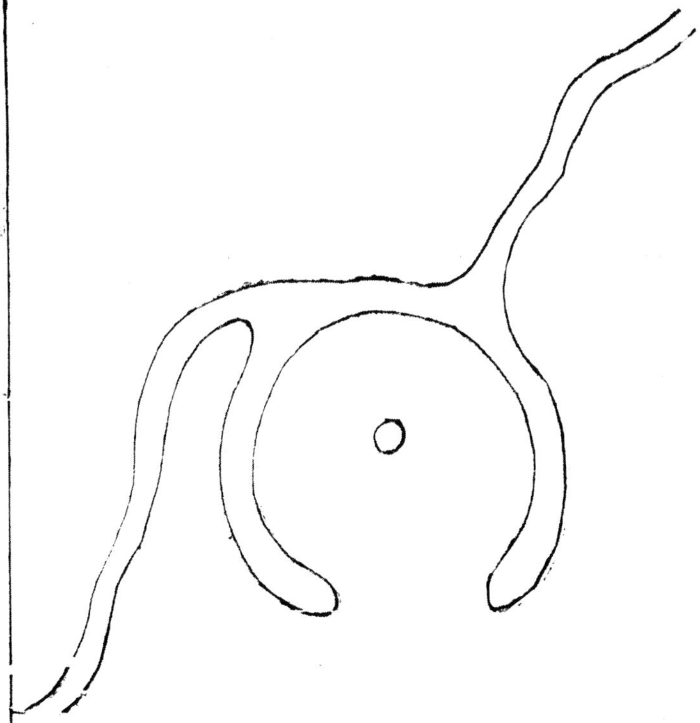

凡水界龍来要就身貼體若過穴而斜飛為斜流謂其不衛穴也遇穴而反去為反跳謂其不就身砟下以衛區穴而卻于穴前反跳而去更無屈曲回頭朝顧之情雖得一邊圍繞而一邊反跳則穴氣已從反跳之處走洩矣邉聚邉散氣不融結雖或發達亦不悠久賦云水才過穴而反跳一發便衰若水自横来過穴而反圜是左右俱不得水抱雖有枝水兜收全不聚氣穴之必敗經云来不揖穴去不拜堂敗絶之藏正此勢也左跳長房當右跳小房絶

水城反跳格

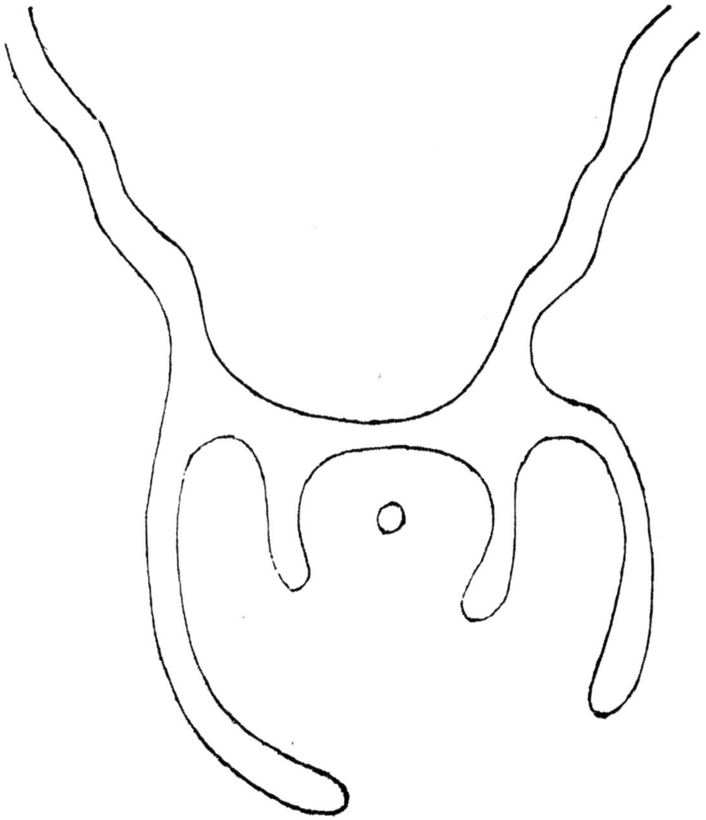

凡水須要就身環抱如弓如帶左右夾拱則氣力凝聚而結穴抱東則氣聚于東抱西則氣聚于西經云界水所以止来龍彎抱所以聚穴氣此勢穴前水反圈如仰瓦如反弓左右不就身砟下却反跳斜飛其情實係抱前而不夾後其左右雖有枝水夾護而情不在後勢雖迎氣而氣實不聚穴之僅暫發終必退敗盖水忌背城書云背城反跳主逃流徧配遠方遊左跳長房當右跳小房當如見此水切不可下悞人不淺

水城反跳格

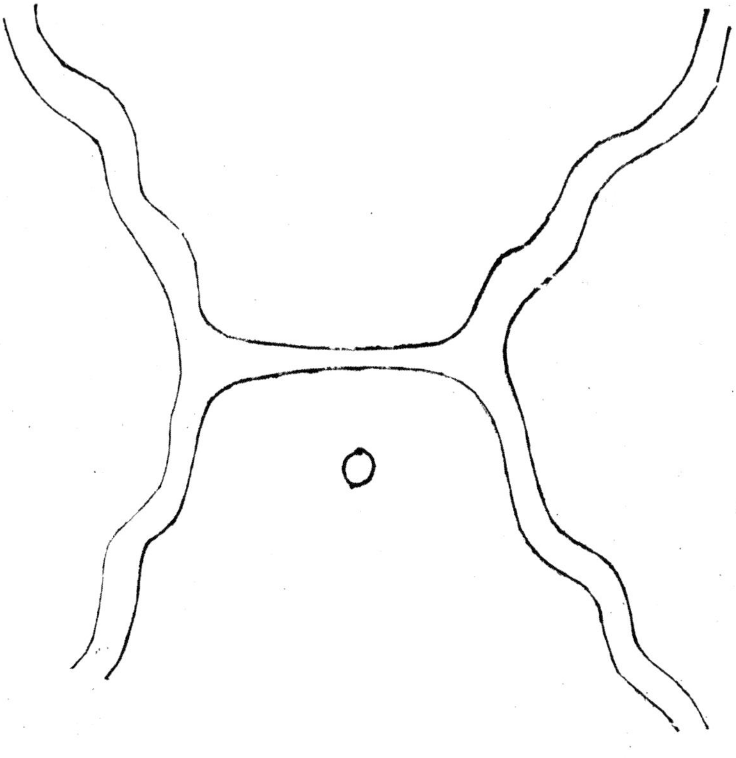

凡真氣所聚之地其砂水必然歸向留戀砂則如拜如揖回頭如勒馬俯伏如眠弓水則如之如元纏繞顧家如不忍去者然青烏經云揚揚悠悠顧我欲留是也若左来而右反去右来而左反去或前来後反去或後来前反去或前来如倒寫人字後来如順書人字源頭水尾並無兜收勾回之勢名爲四反穴之主出人忤逆無父無君父子不和兄弟相殺小則刼掠鄉村大則謀反畔逆殺身亡家覆宗滅族之地也左反主男逃爲盗右反主女婦背夫前反主瘟疫後反主火盗前後左右俱反主忤逆覆宗切不可以四水交流而穴之也

来水撞城格

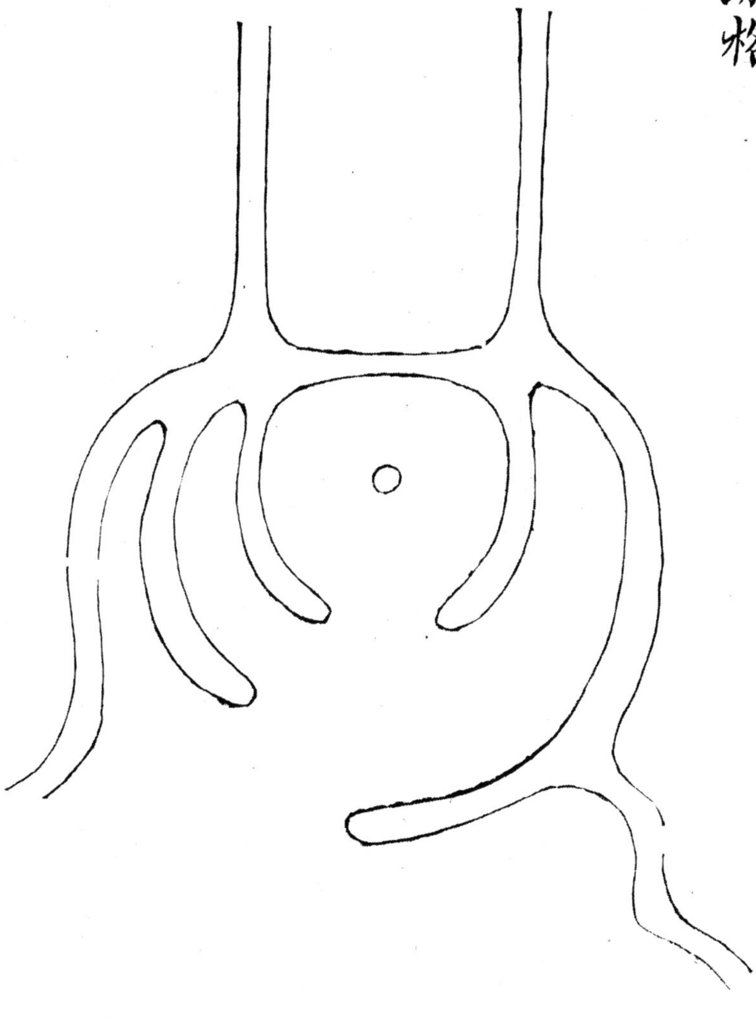

此水或左来夾身而從右砟下或右来夾身而從左砟下穴前水如弓如帯其左右又有枝水合界拱夾于兩旁其大形大勢似覺凝聚成局可觀若明堂左右有曲水朝来照穴此地美甚使局前雖有水来而直来如箭略無屈曲情况則穴中之氣又被直水射散書云水来如箭絞身繡面雖發財禄子孫必有編配之患若左来右去右来左去或左右俱來而穴前分作兩股流出一直如箭遠去更無池湖收蓄尤爲不美見此形切不可以左右枝水夾抱可觀而穴也絶人敗家悉由于此學者知之

来水撞城格

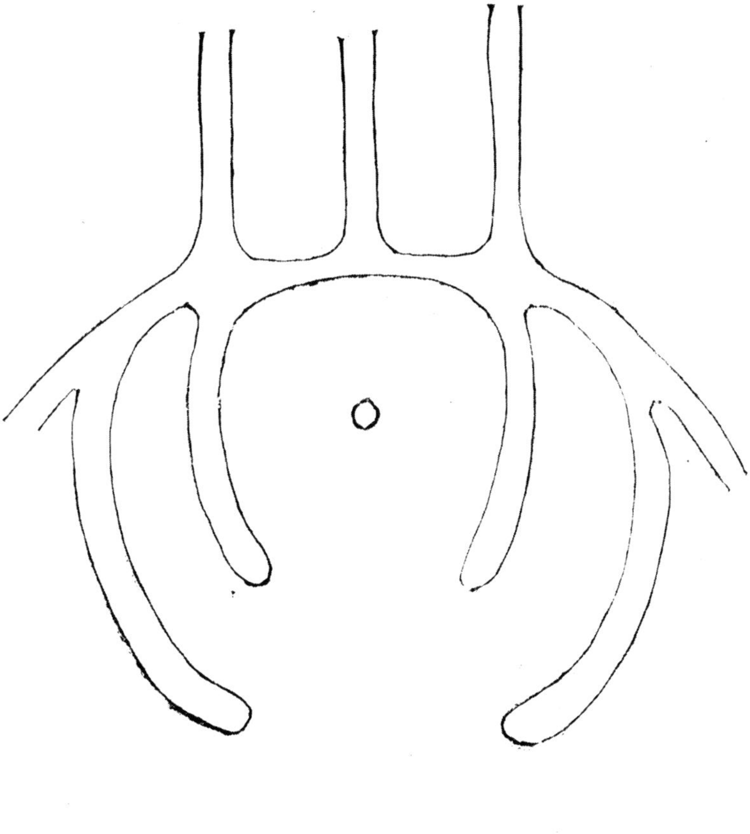

此穴前水灣抱如帶左右龍虎緊夾護送形端局正似為結地然向前明堂水更得屈曲而來方妙今此地向前有一路二路三路水直冲穴前為金吾箭書云直則為冲曲則朝此水直来撞城其禍最亟書云一箭一男死二箭二女死箭左損長箭右損小箭中損二若見斜冲主子孫軍徒又罹殺方主刑戮甚而至于絕嗣凡穴前有此直水必得池湖受之或横案遮之差能免禍賦云為人無後多因水破天心是也

界水無情格

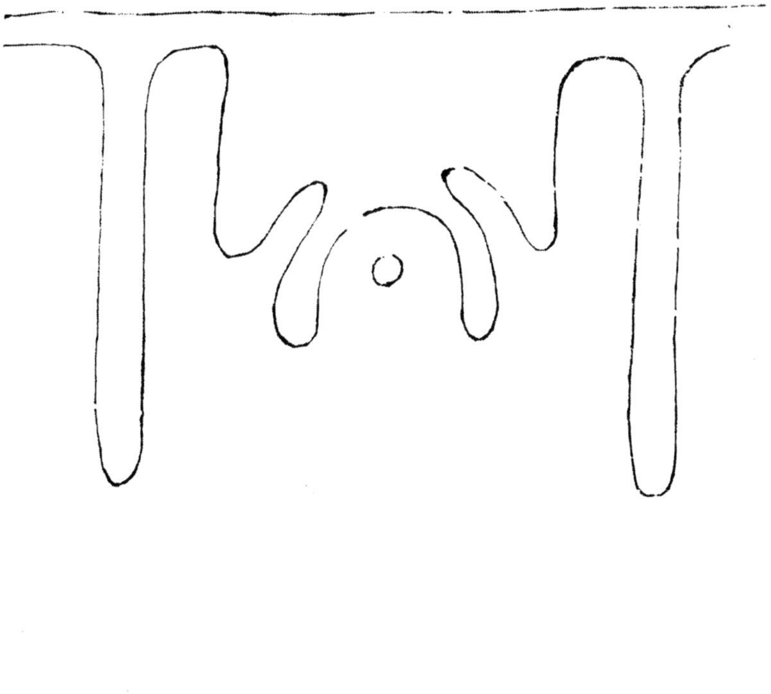

凡看地須要左右砂水朝抱回身向堂局青龍如勒馬白虎似眠弓書云大地却如羊見犬隻隻回頭轉正如主人在座而僕從之歸向四面環遶如星之拱北也若龍虎直出無所灣抱者形如推車謂之無情書云水如直去推車形砂不回頭堂氣散今此地龍虎直去不見回頭其明堂雖見聚水而左右砂頭直去則水亦不含蓄矣堂氣不聚穴氣亦不固矣書云龍虎所以衛區穴既不回頭其內豈有生氣耶雖內砂似勾亦不足取時師見有龍虎出堂不究其情便從指點未有不悞人者賦云內勾外直枉勞心可不審諸

界水無情格

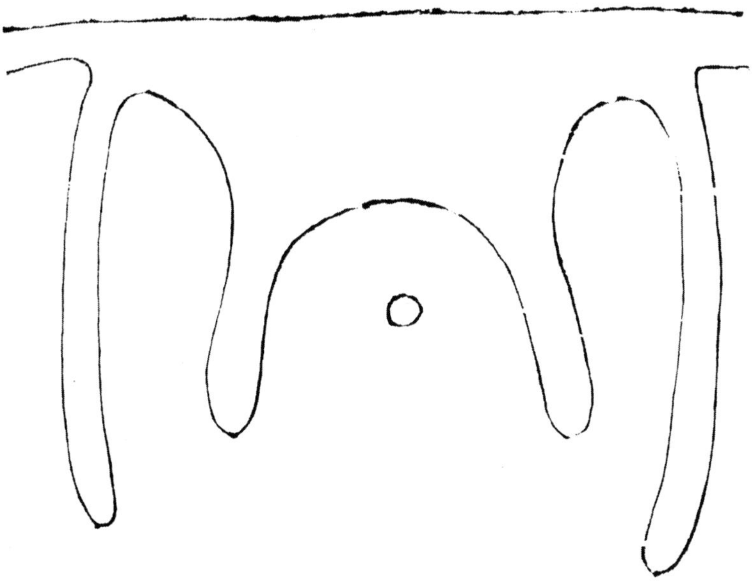

赤霆經云棹椅反張手足搥胸敗絕之藏又云官不供職鬼不還

氣忤逆之地穴之主父子分居兄弟別離書云砂分八字水斜流

田地不留邱是已

界水無情格

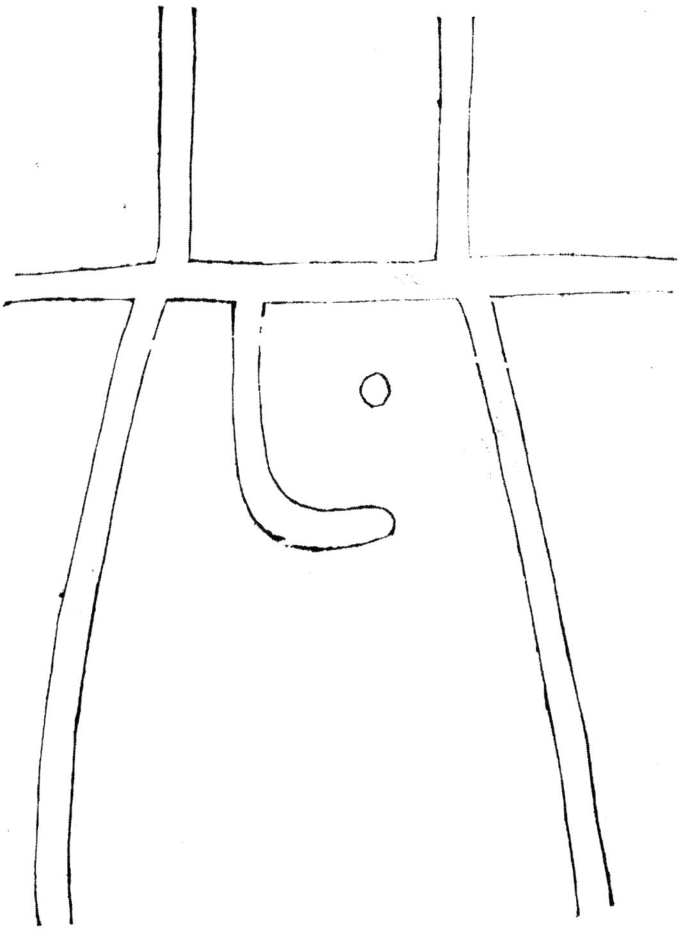

尋平地與山龍不同只要水来抱衛其左右前後宜委折屈曲向内就身回遶凡見直来硬過不顧堂局大凶也雖有枝水勾灣亦不宜指點賦云蕩然直去無關闌其内豈有真龍穴訣云水能界生氣灣曲廻繞者界生氣水也蕩直不顧家者散生氣水也經云生氣盡從流水去正謂直水去故也南来北去東来西去一直如箭略無回頭朝顧之情若書井字樣如畫棊盤格中間雖有枝水捙界亦似是而非也穴之雖畧有財久乃出人横暴主有流徒之患忤逆不仁貧敗絶嗣瘟疫自刎皆剛硬之氣所致也

水龍經第二卷

總論

此卷專言水龍貼體吉凶形局而入穴星骸已森然槩列于其中此水龍肯綮扼要之書也亦不著作者姓名言都俚俗而我以為此必楊公真本千年以來師師相授之秘旨也歟開卷先言五星而五星之中惟取金水土三星為吉木火二曜皆凶此與山龍少異山龍有火星起頂頂下即結真穴亦有行龍穴星皆木星結臍彌見貴秀水龍則一犯火木立見災禍推原其故總為水形喜柔

荏而悪剛強。宜轉抱而忌冲激。金水柔荏而土形轉抱。與木火之剛強冲激者。情性判然矣。是以五星既別。而即繼之以遶抱反跳收氣漏風蓄聚分飛諸格。辨之最詳。亦即五星之変体。而引伸觸類。以求詳之者也。夫先明支幹之義。則行龍之幹格大畧已定。繼明五星之正変。而後入穴之作用。得其主宰。掌握自由。學者苟有意於楊公之術。能於是書深切而骵驗之。水龍之道。思過半矣。過此以往。三元九宮之法。庶幾其有逢原之樂乎。

水龍經第二卷總目

總論

論支幹共二圖

論五星共四十七圖

論四獸共四十圖

論形局共四十五圖

論異形共二十四圖

論象形共五十四圖

雜論共十三圖

論支榦

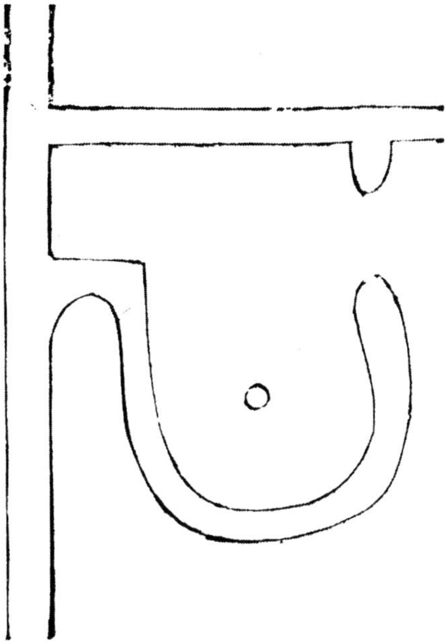

大水汪洋是榦龍。
枝龍作穴出三公。

枝龍作穴須長久。

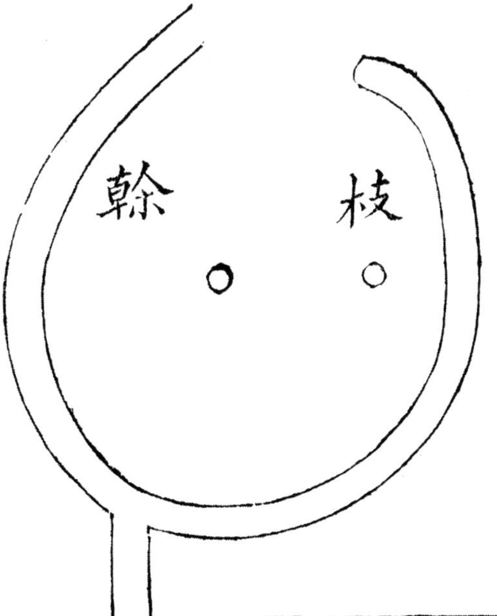

榦龍氣盡不須求。

論五星

覆釜金星水養身○
兒孫富貴足金銀○

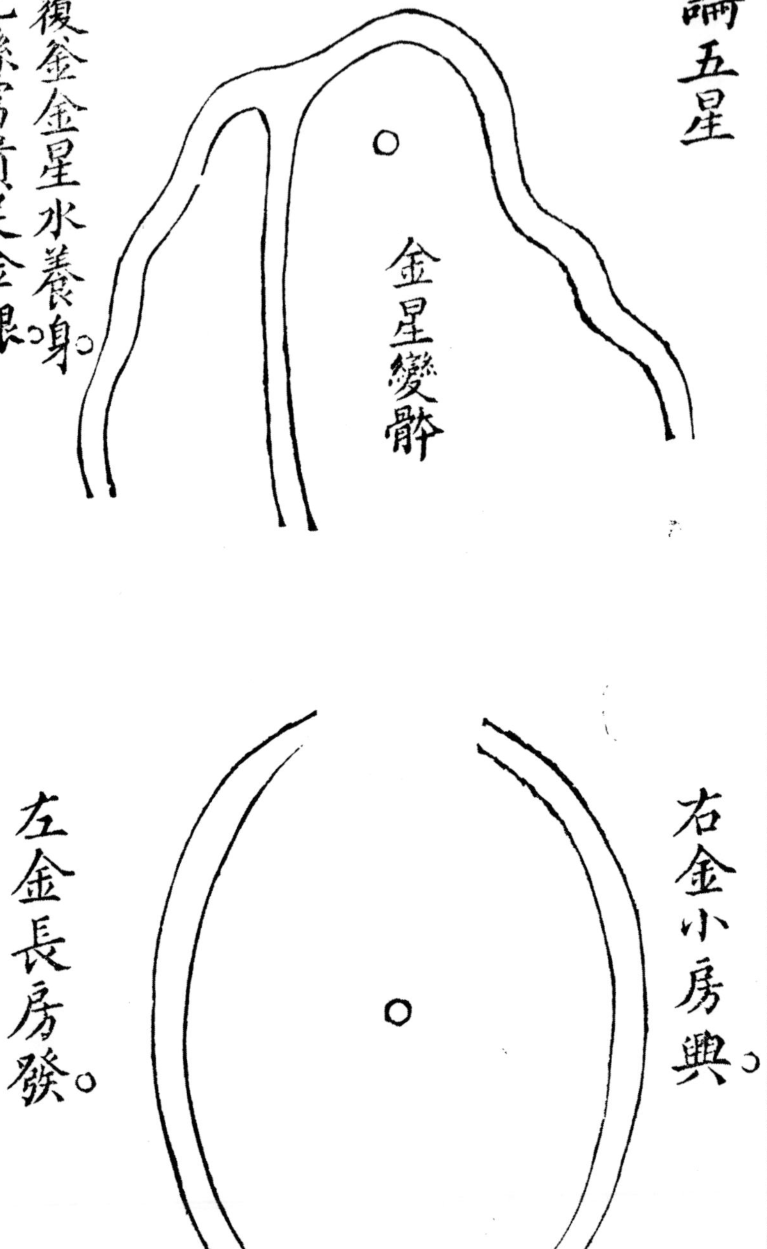

金星如玉帶。此地真無價。

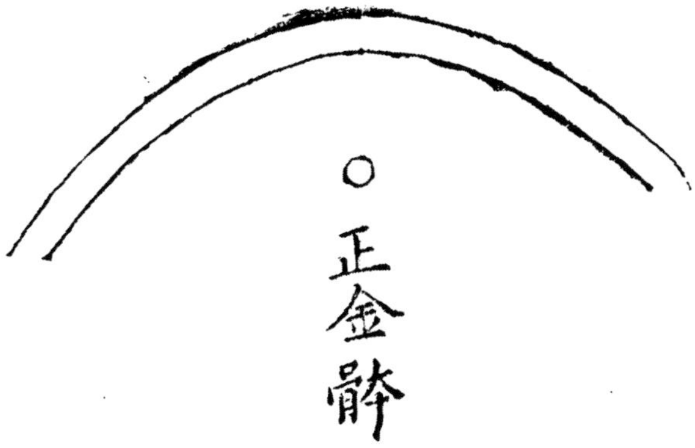

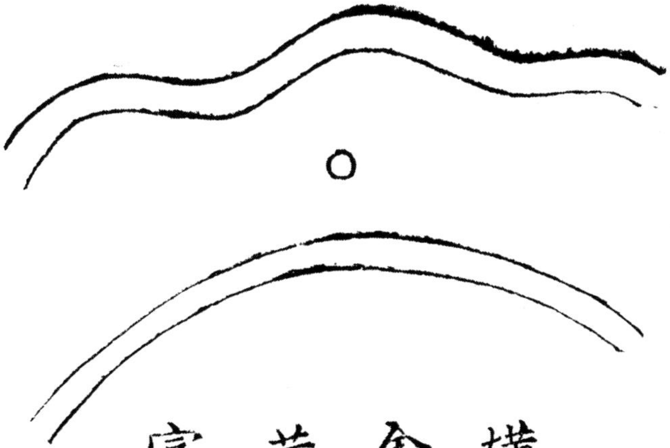

橫水過宮。金城抱穴。若扞此地。富貴不歇。

斜金似火受尅非佳。

斜金似火照穴前。

半貧半富賣田園。

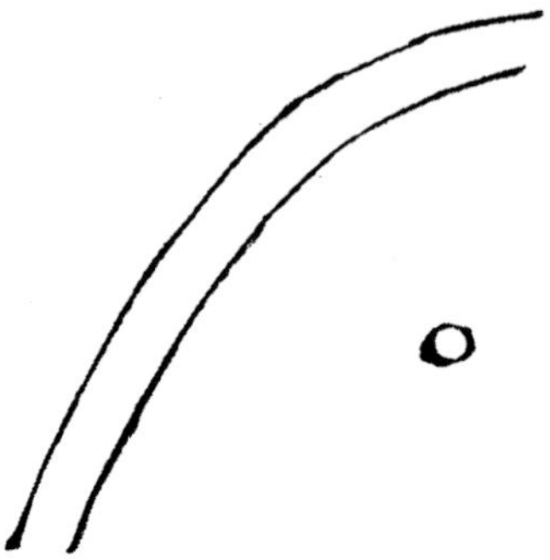

前火尅金城。風字脚不停。若扦

此等地。不久主伶仃

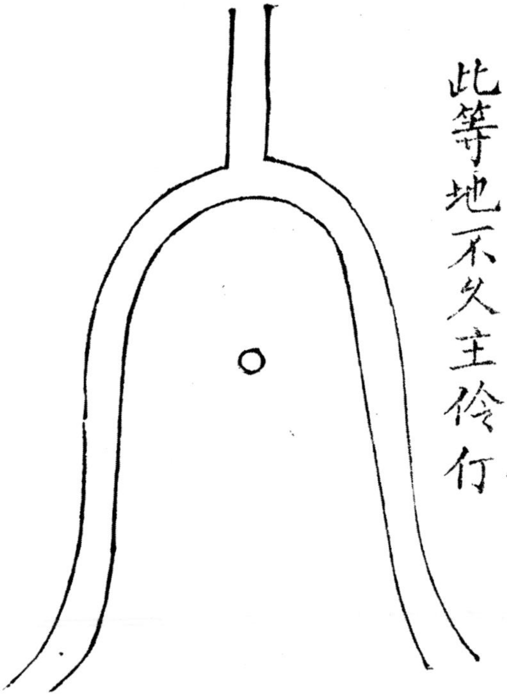

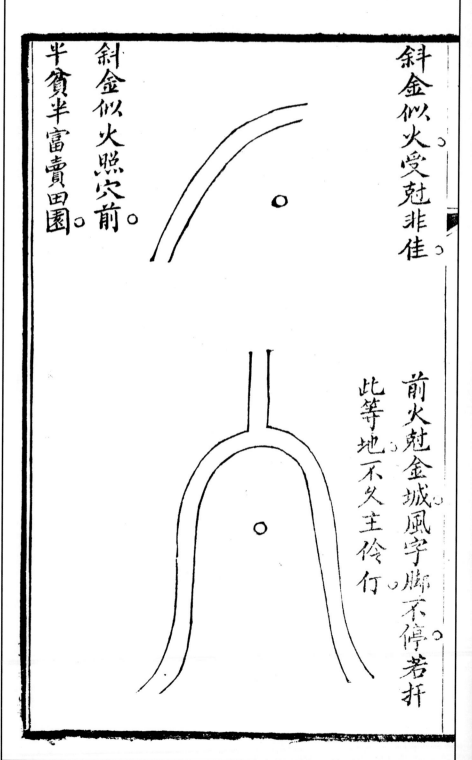

此水名為犁頭形。一發火燒貧。

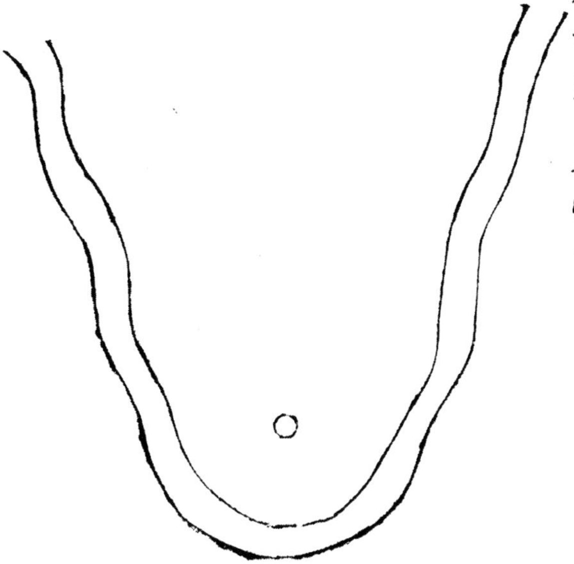

金城右反弓。小子必孤窮。

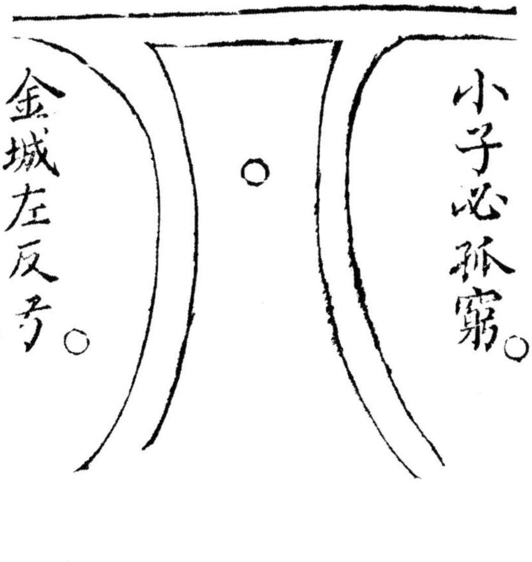

金城左反弓。長子定離宗。

金城反弓〇逃走貧窮〇

又名割脚水〇主絕嗣〇

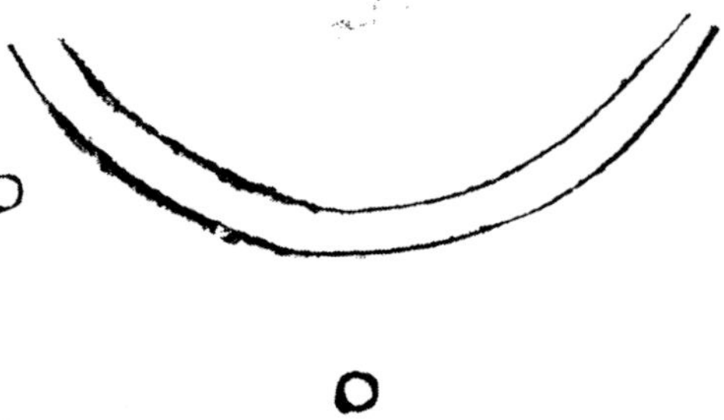

水入金城〇

富貴多丁〇

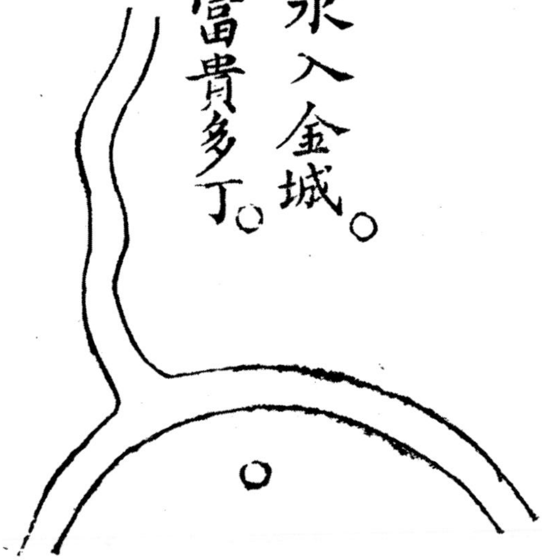

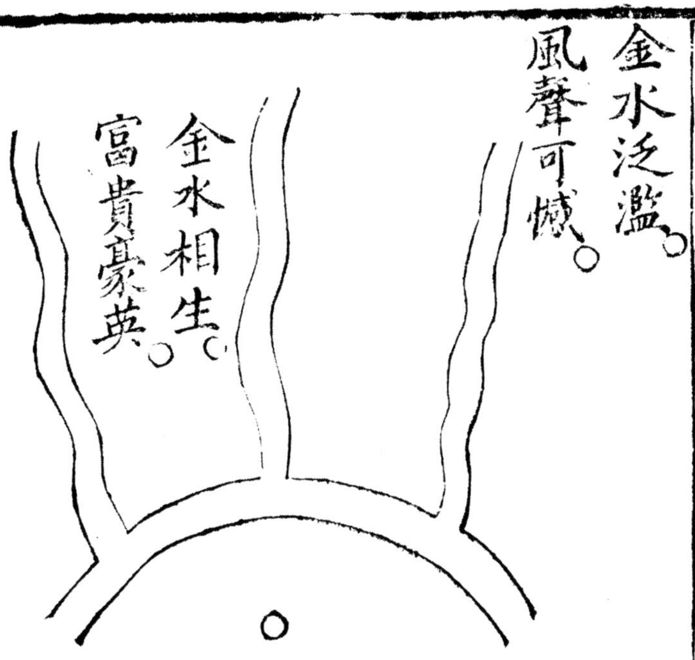
金水泛濫。
風聲可憾。
金水相生。
富貴豪英。

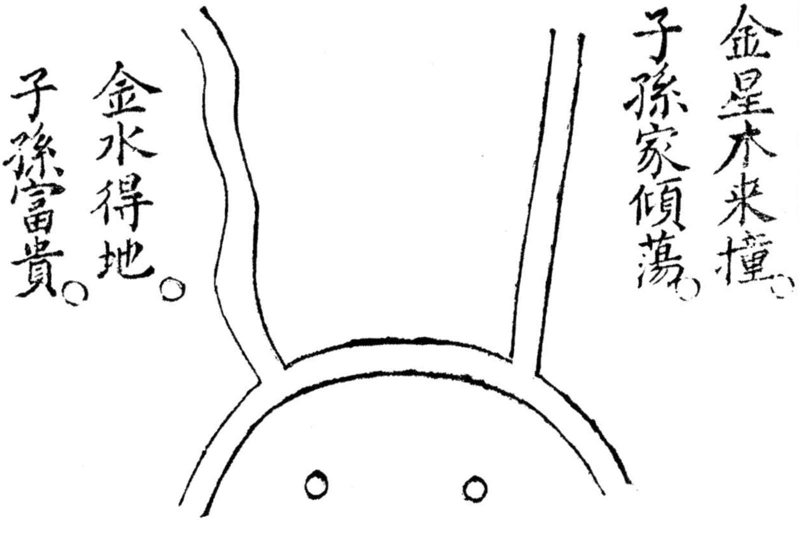
金星木来撞。
子孫家傾蕩。
金水得地。
子孫富貴。

木撞金城。子孫伶仃。

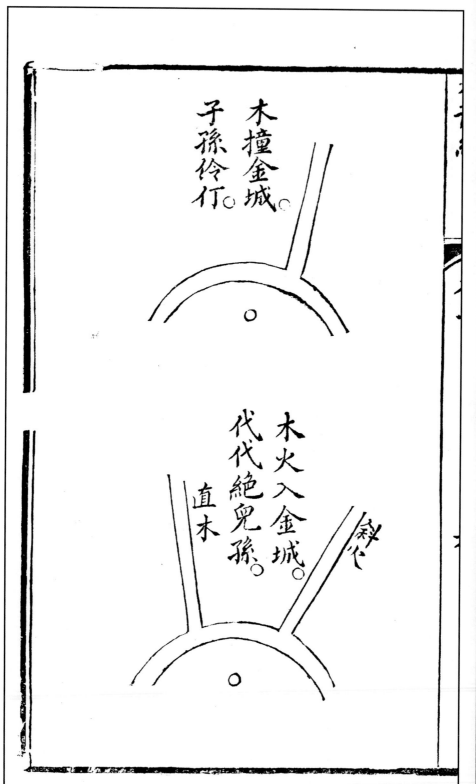

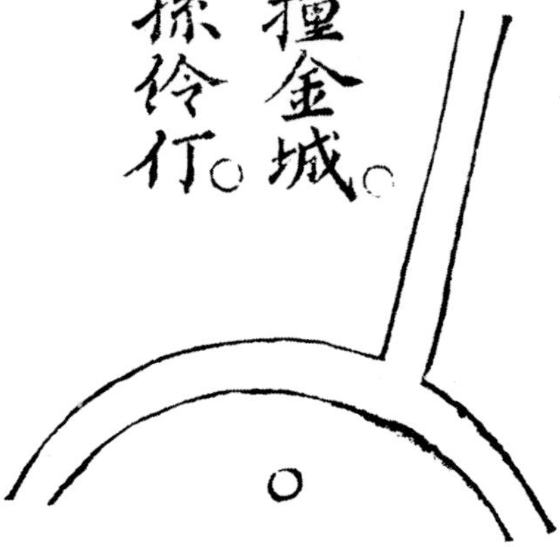

木火入金城。代代絕兒孫。

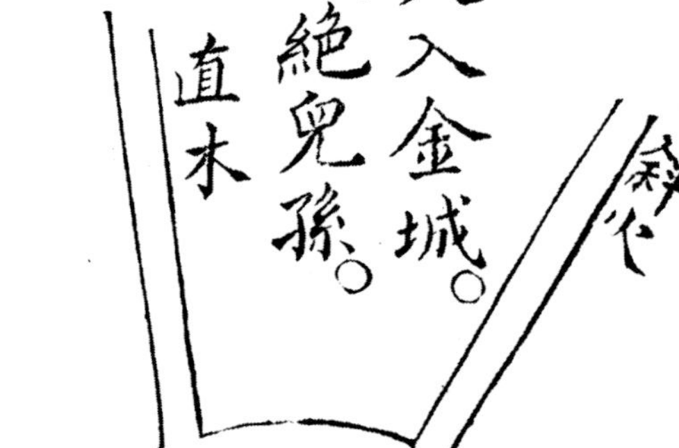

曲水入金城○
官鬼損人丁○

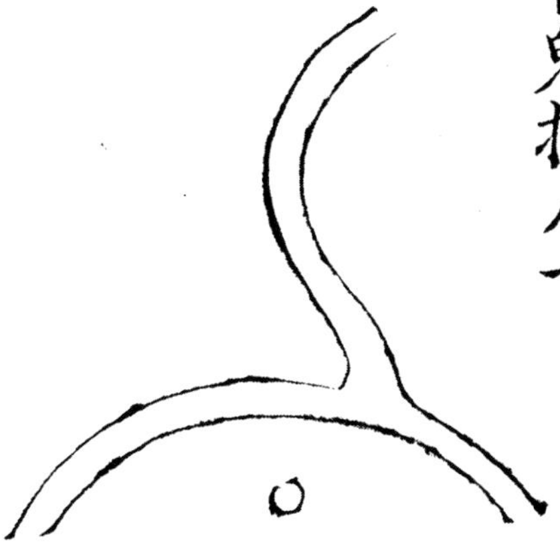

斜入金城○窮敗無丁○

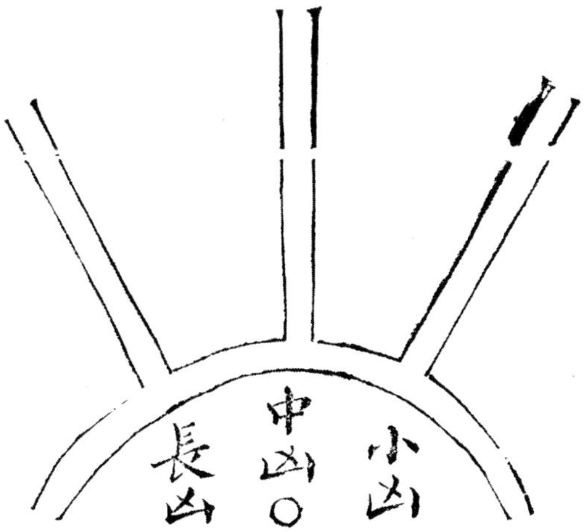

火剋金城。
賊盜病瘟。

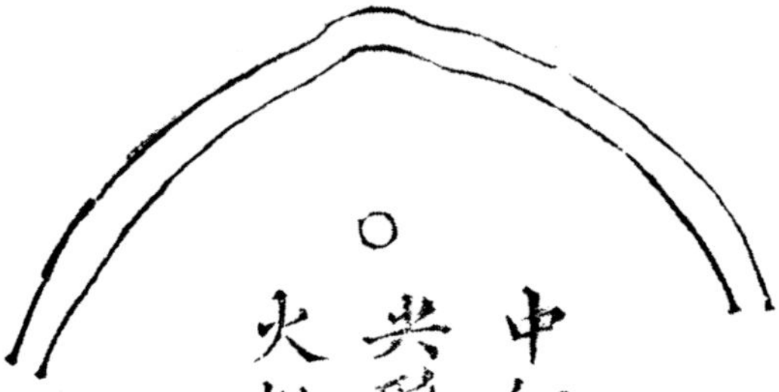

中細即戌
共形故曰
火剋。

二火来剋金。
災星日日臨。

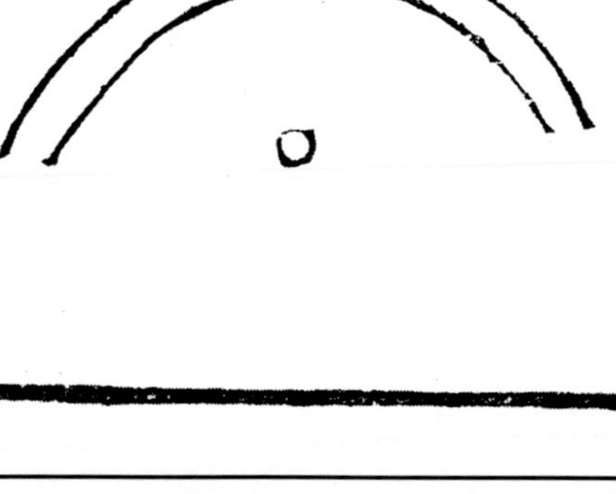

火金相刑。
敗絕無下。

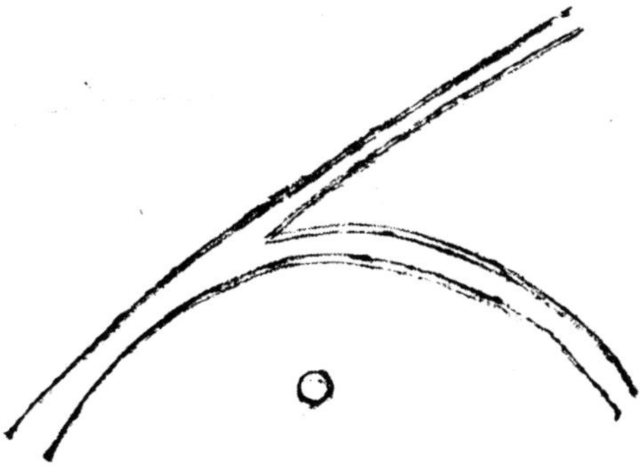

同上

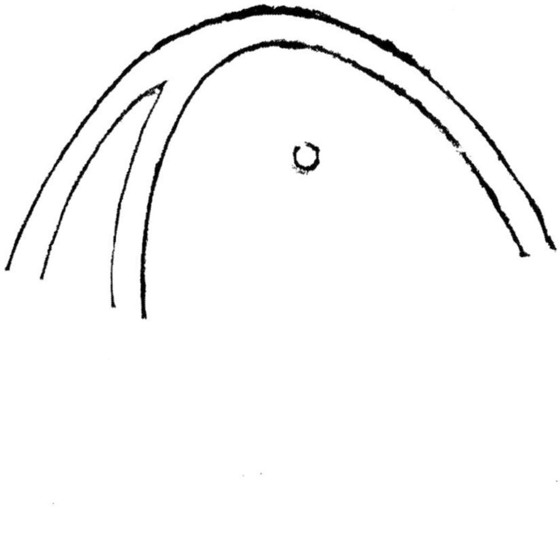

水星得地。金屋富貴。

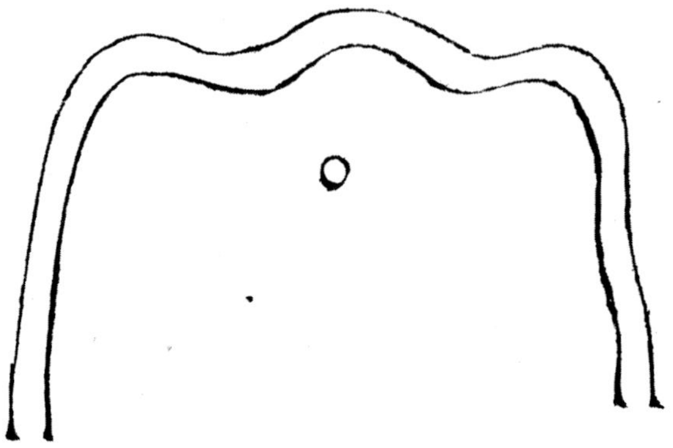

同上

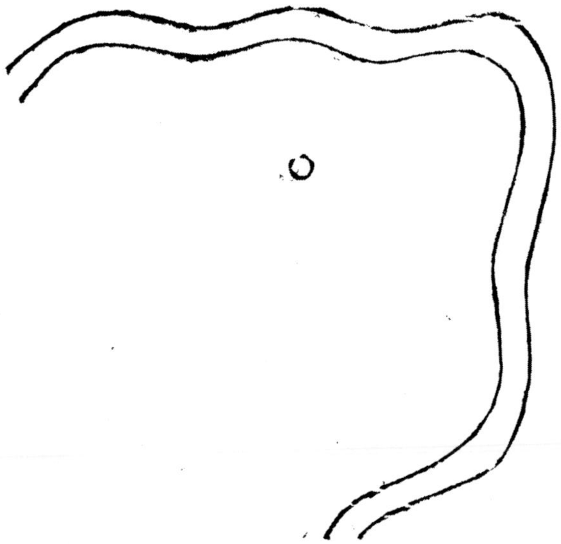

二土應門前。富貴有金錢。

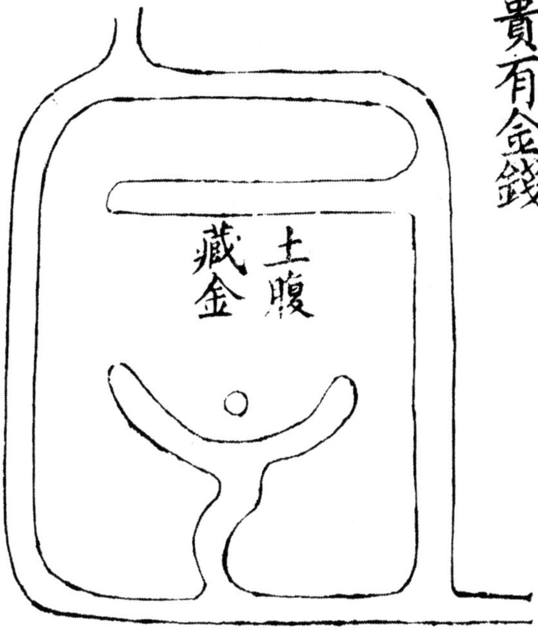

水星入土曲来冲。先主剋財福後隆。

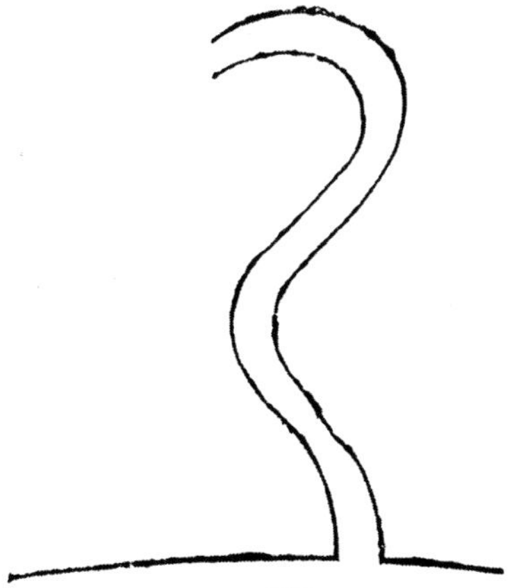

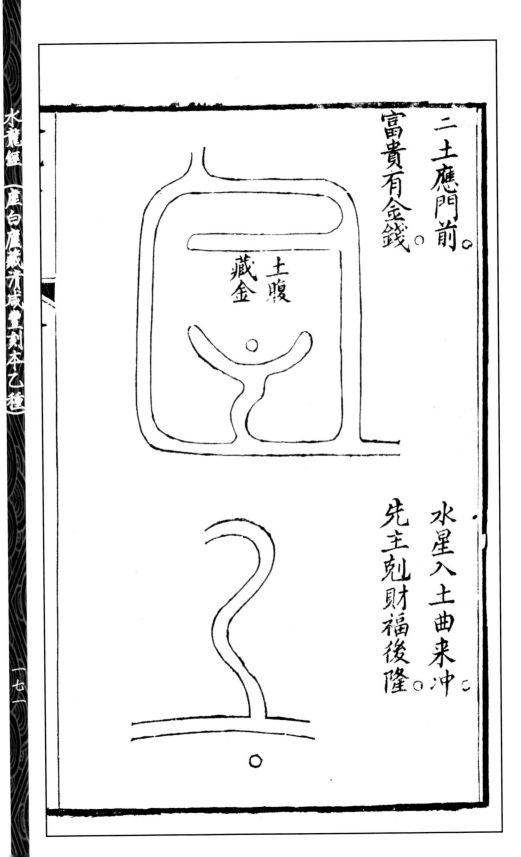

土星抱穴。富貴不歇。

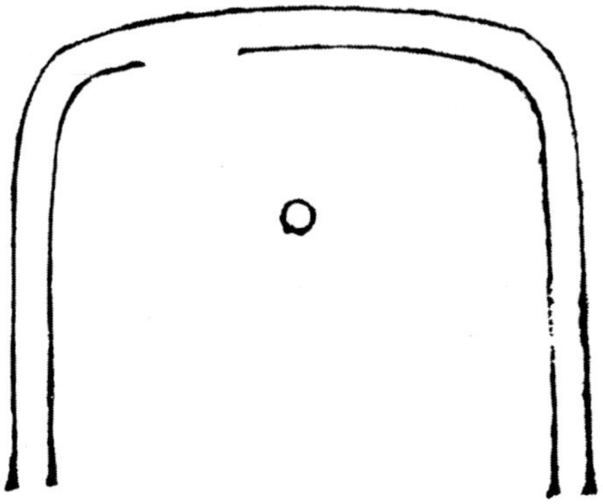

土星右轉來。家富足錢財。

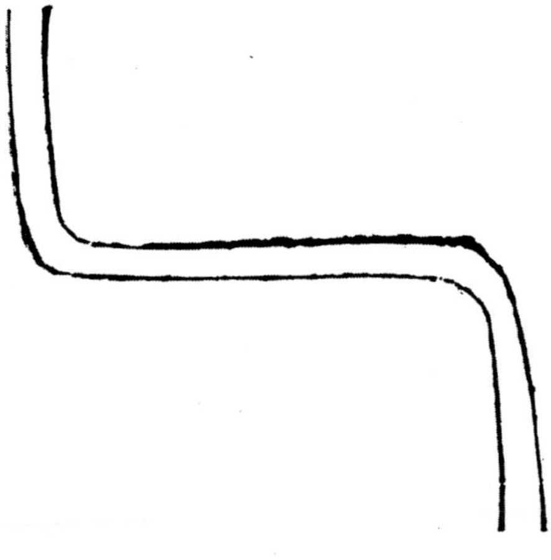

土星直去無回意。不久家門退。又云一直如舟。不可安。雖發貧窮不久年。不問東西南北往。必然逃走不知端。

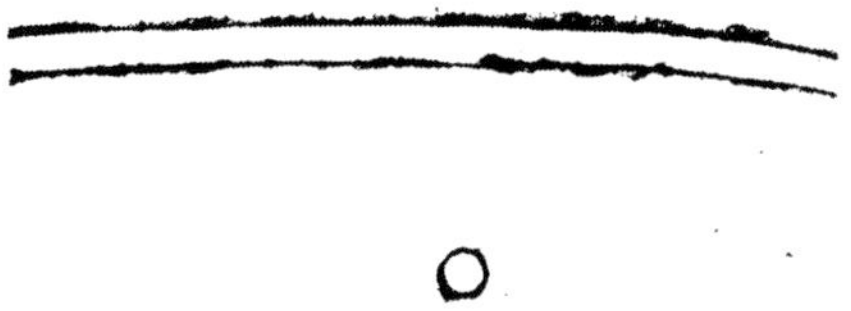

土城反去。敗絕身家。貧窮淫亂。軍配天涯。

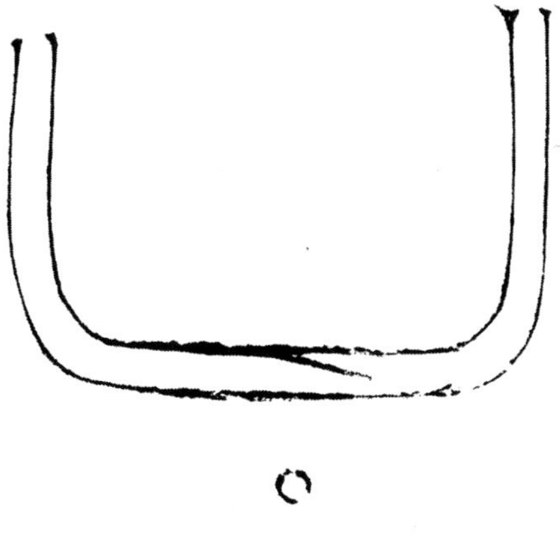

右火斜飛水。墳宅不為良。有水来救助。人合免瘟瘽。大星若焰動。公事損妻房。

土城帶火。別離鄉土。

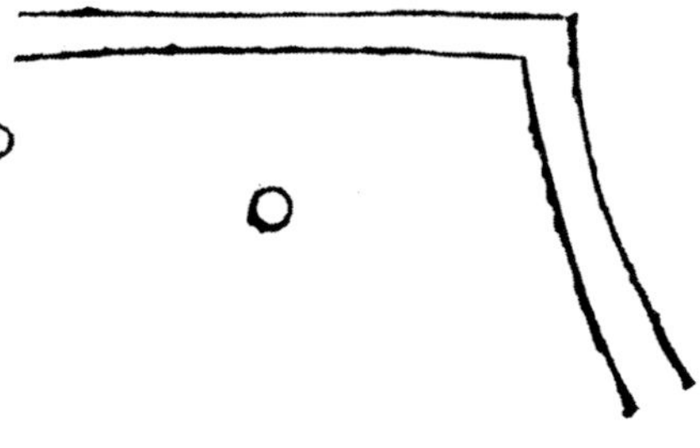

外木来剋土。家内人辛苦。衣食不求人。嘗被外人輕。

又云直木冲門。人口不存。

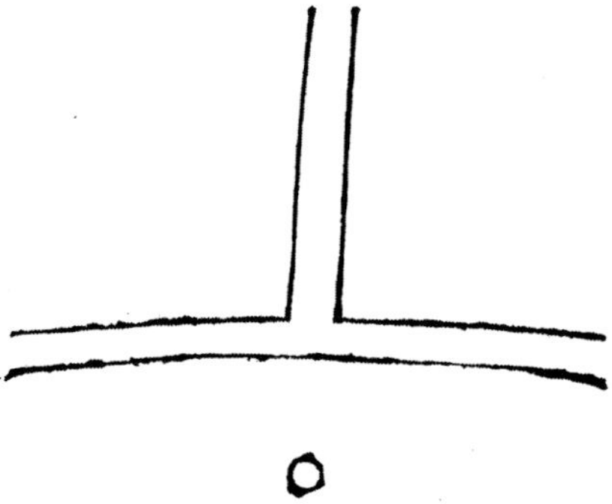

後有木来剋土。公事絕離流竄苦。

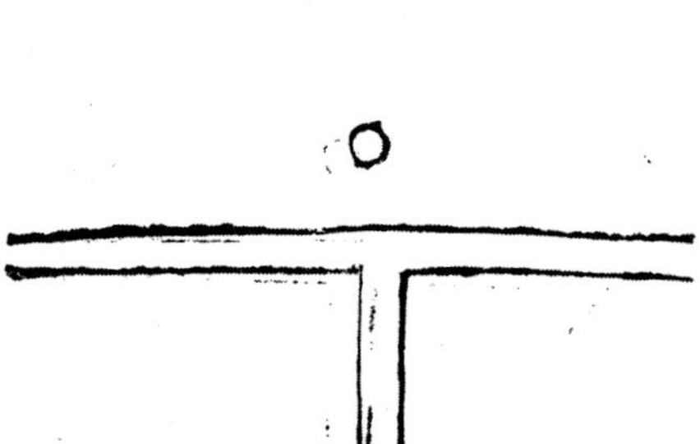

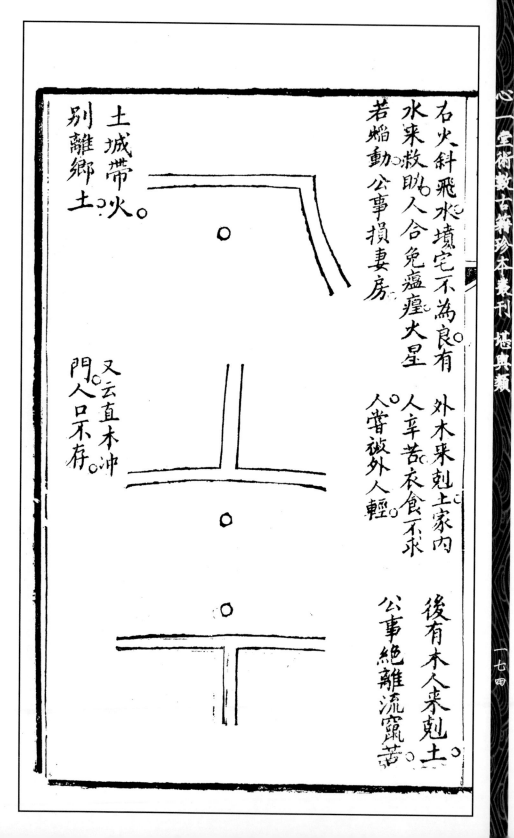

直木如鎗。公事橫殃。 又云。木城直冲穴中房必敗絕。前木後來冲軍賊犯刑凶。

正木直行。退敗動瘟。斜木不堪為。下後主生離。

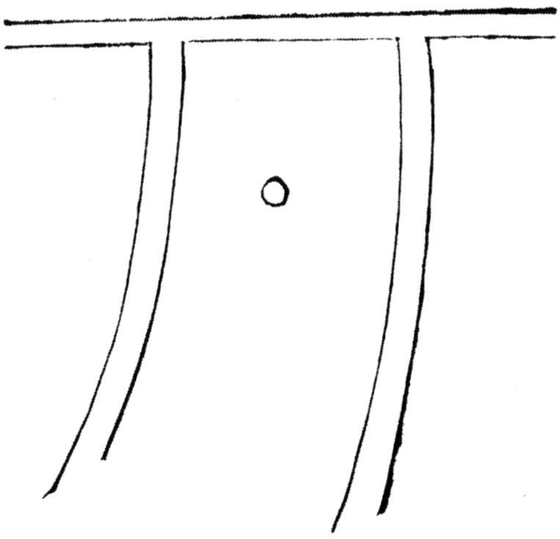

斜木来時似火飛。其中扦穴豈相宜。刼盜瘟灾常自有。人離財散各東西。

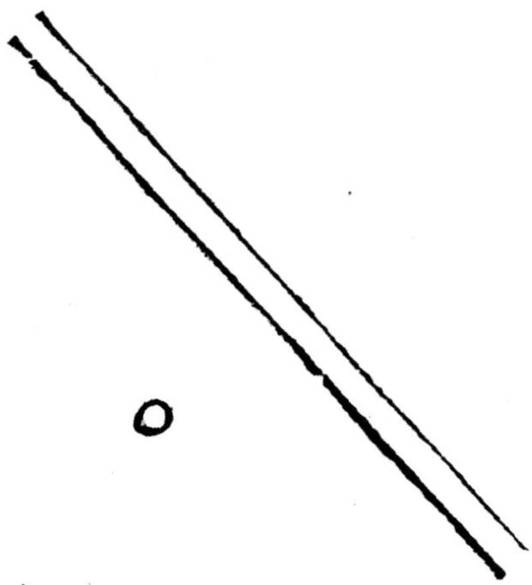

同上

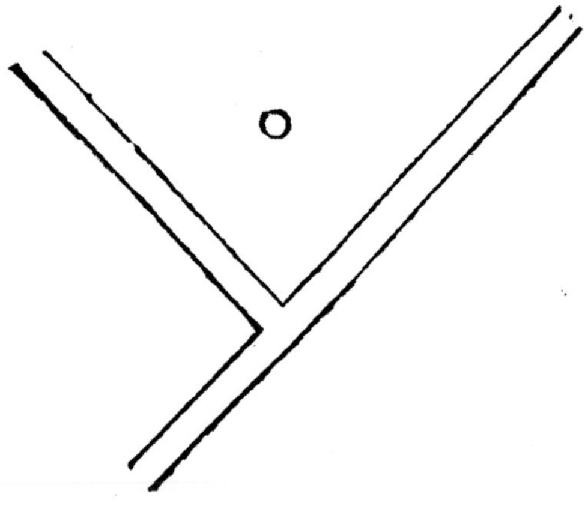

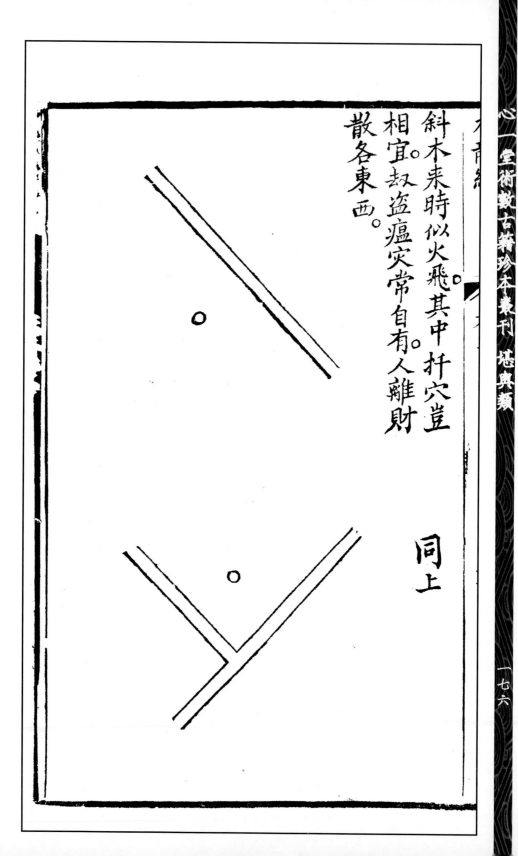

水似木义敗絶無家尖。砂随水出子孫做軍賊。

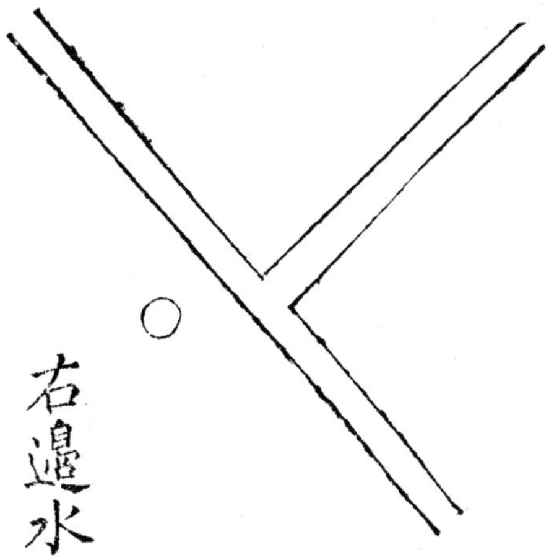

右邊水冲扇。怪在前頭見。其家瘟火定燒空。小水也虚驚。

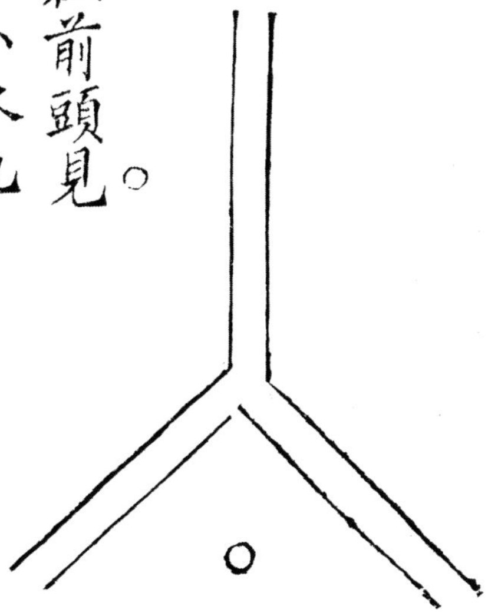

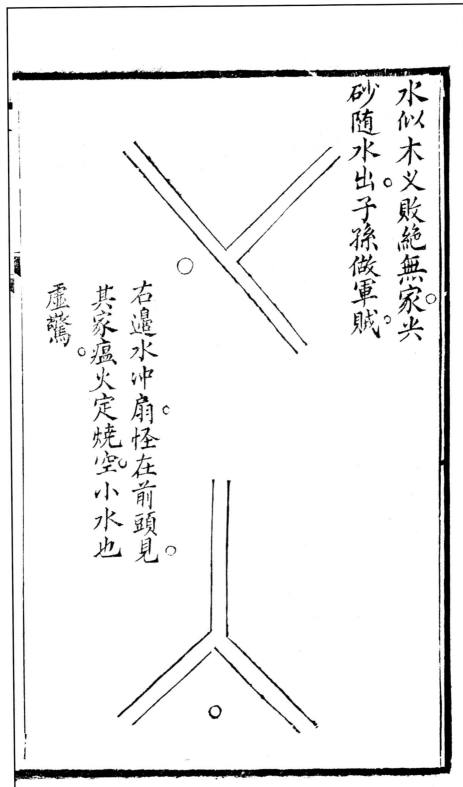

正火。一名犁尖。

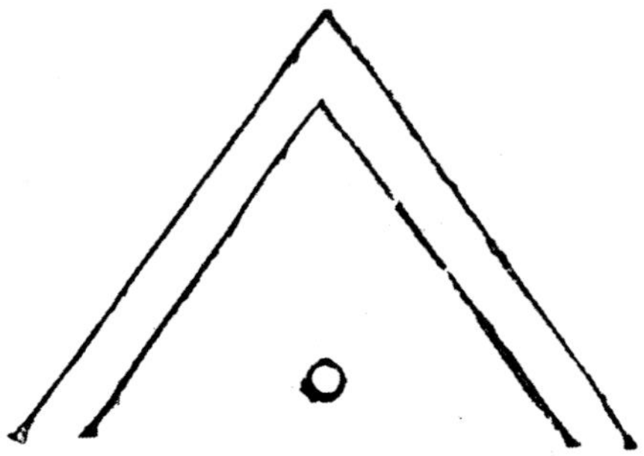

倒火。

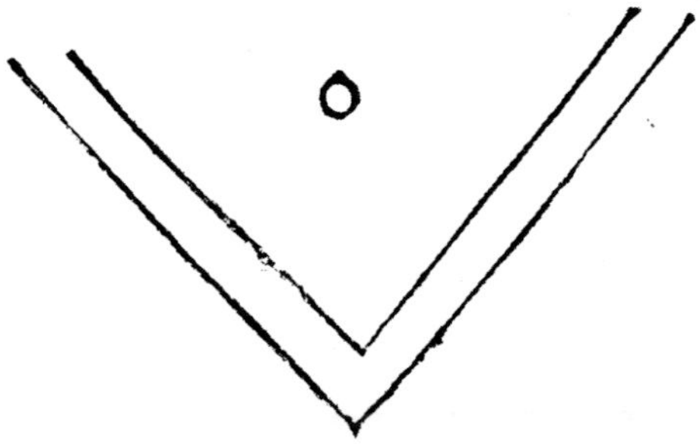

火城合掌流。退盡好田牛。

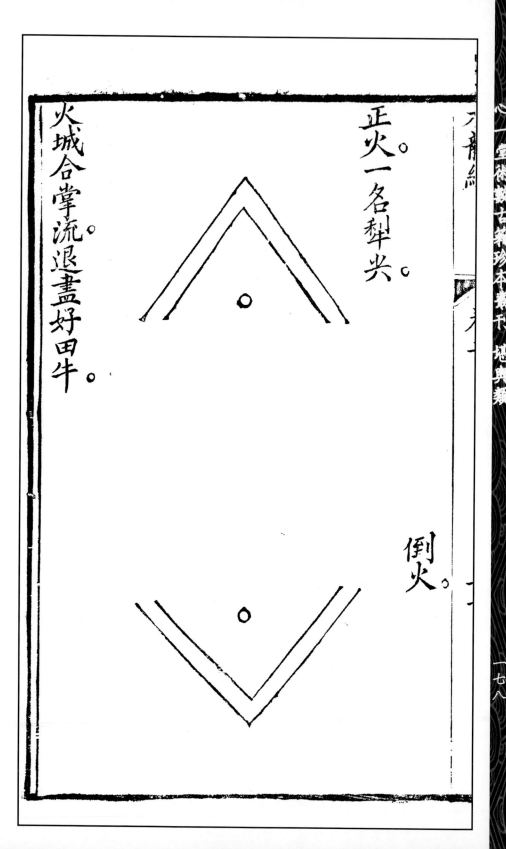

火城後反弓忤逆各西東
若還如此様退盡主貧窮

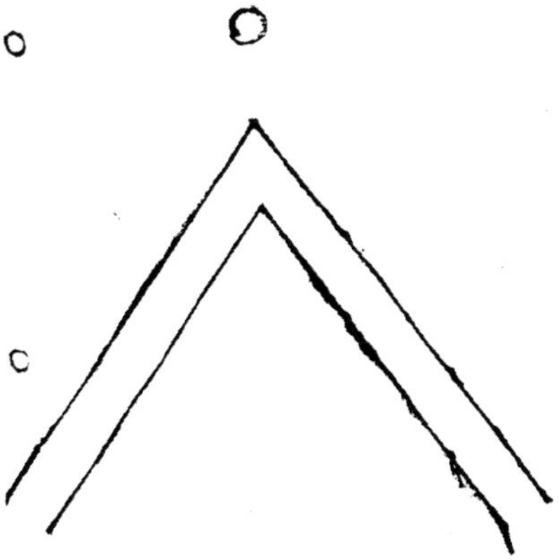

又云火城反去濕亂不良
家貧徒配絕嗣逃鄉

右火斜飛兄偷弟婦
左火斜飛弟偷兄嫂

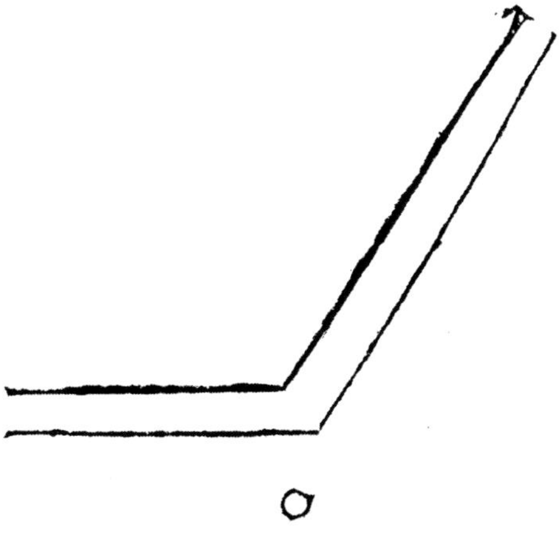

刀鎗之水反射身徒配遠充軍。

又云子孫忤逆面前八字水流。

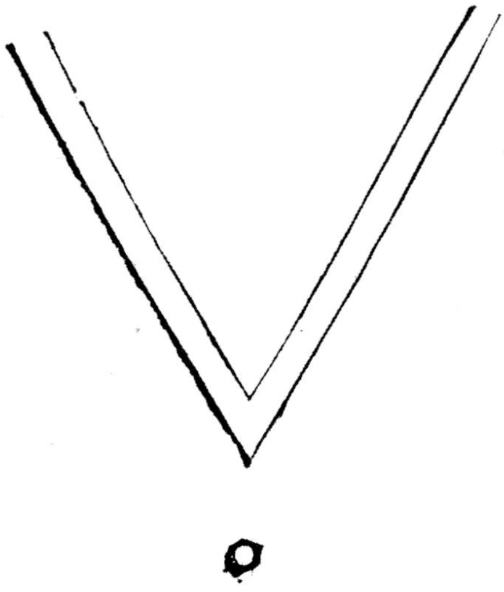

右火反飛。逃走東西。

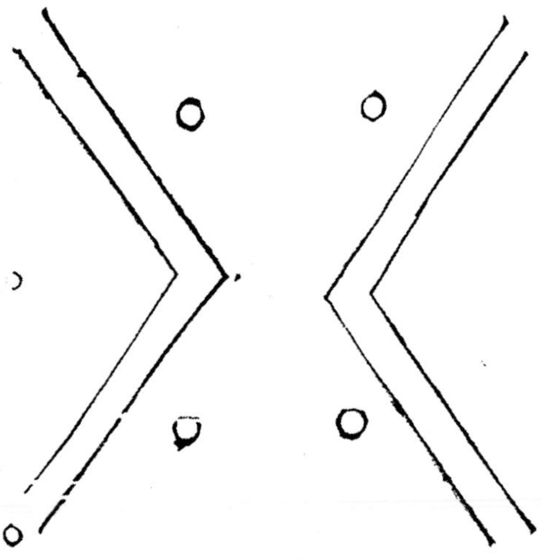

左火斜飛。軍賊傷夷。

逃移外死絕子無依。

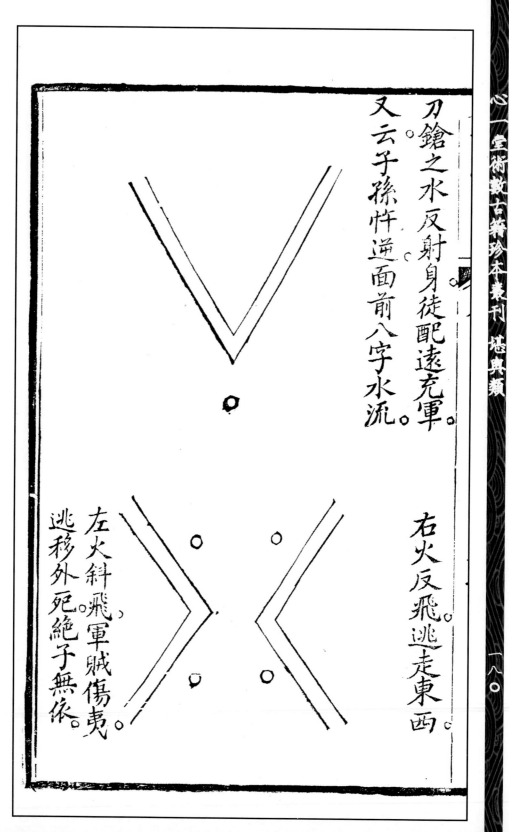

尖火射其身。
官刑絕子孫。

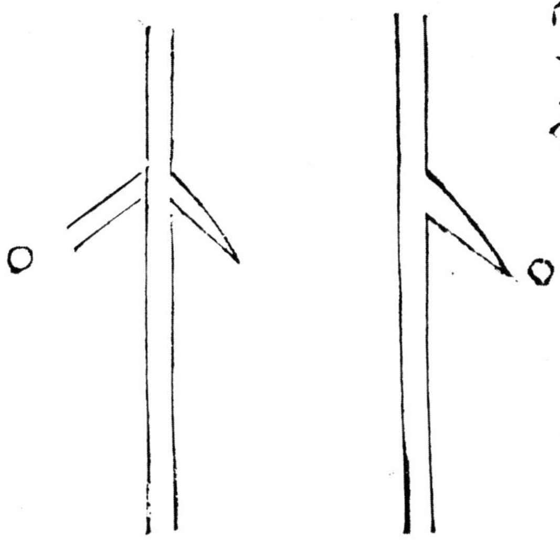

燥火焰焰動。
老死無人送。

火脚向外飛。走死不能歸。

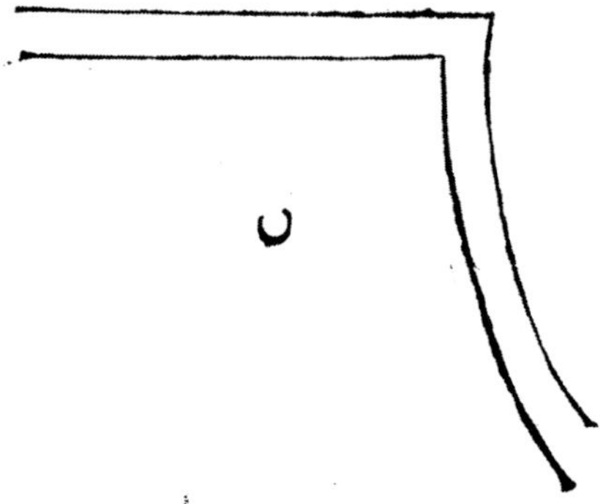

逆木順木。官非碌碌。換妻寄子。退盡田穀。

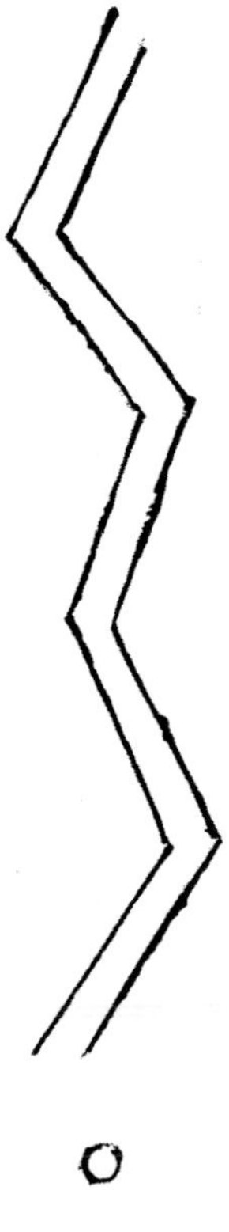

火星屈曲飛。無食又無衣。

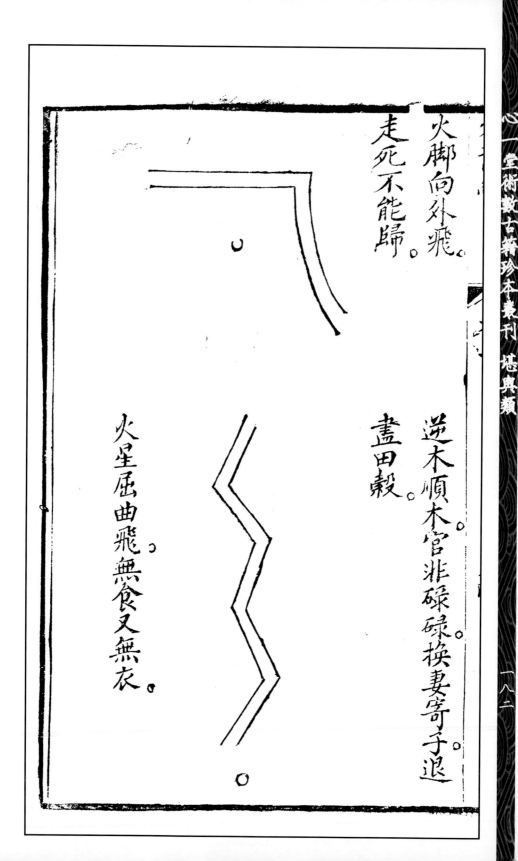

論四獸

朱雀之前水三反。男盜女淫無衣飯。

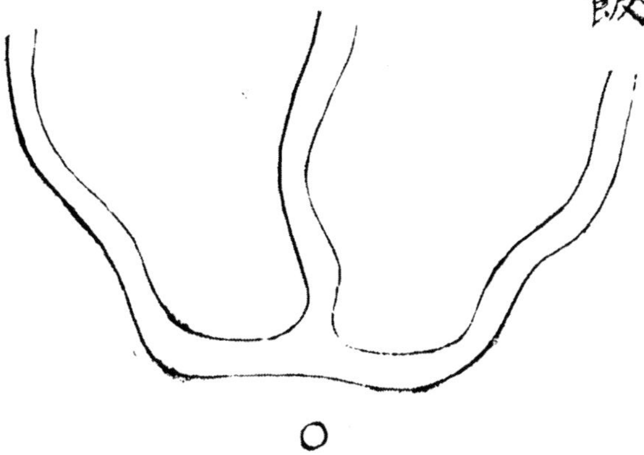

發福久長。定是水纏元武。

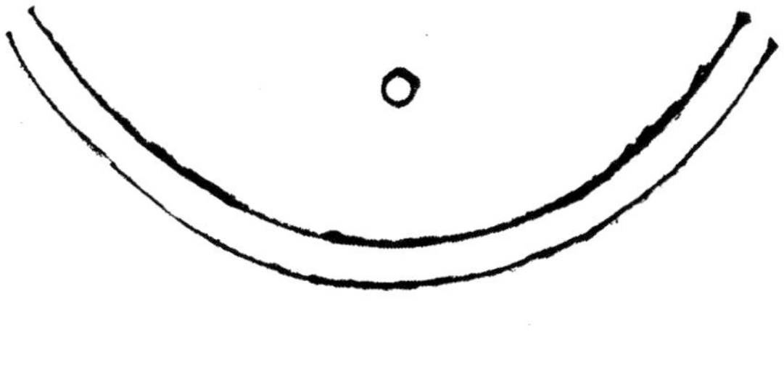

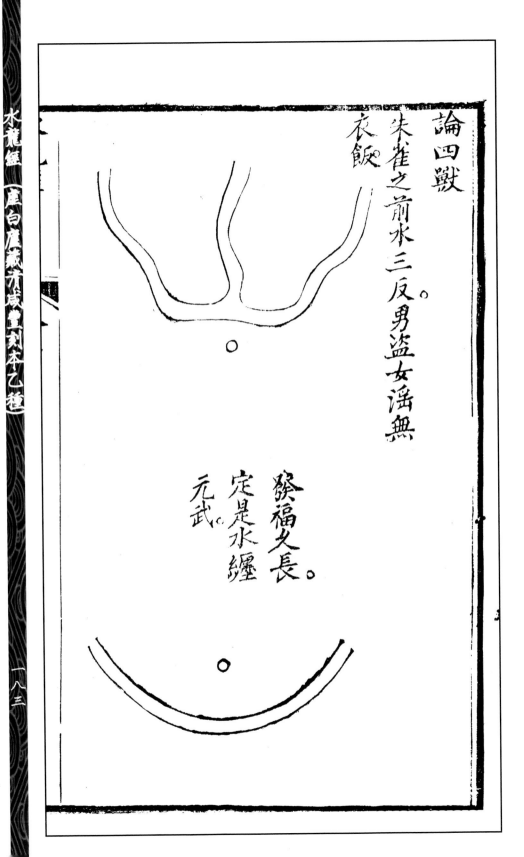

元武之水有湖池。定宅安墳福祿宜。

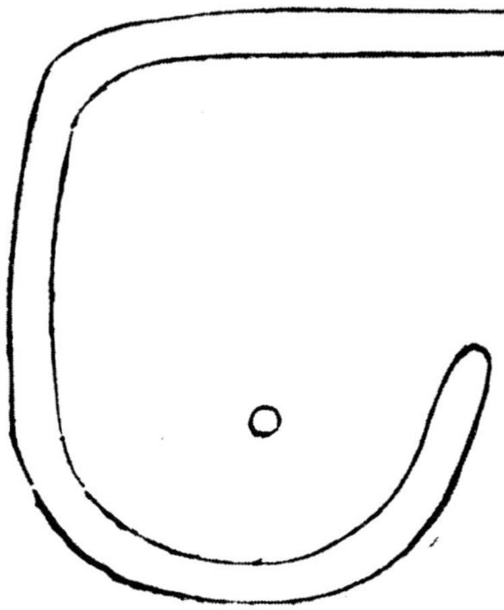

墳後有水両三抱。為官悠久家長好。

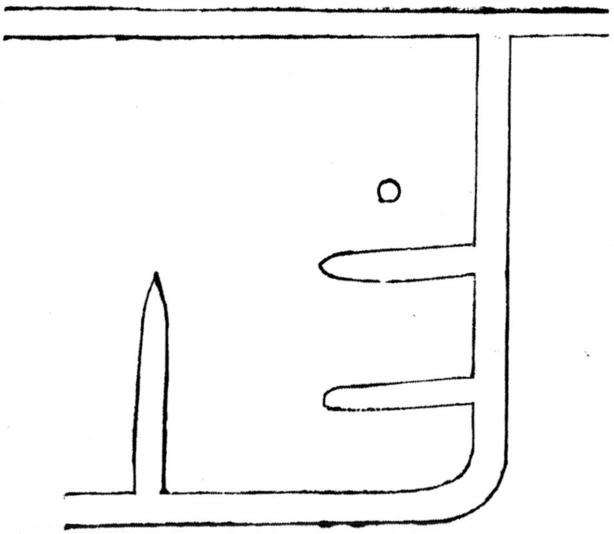

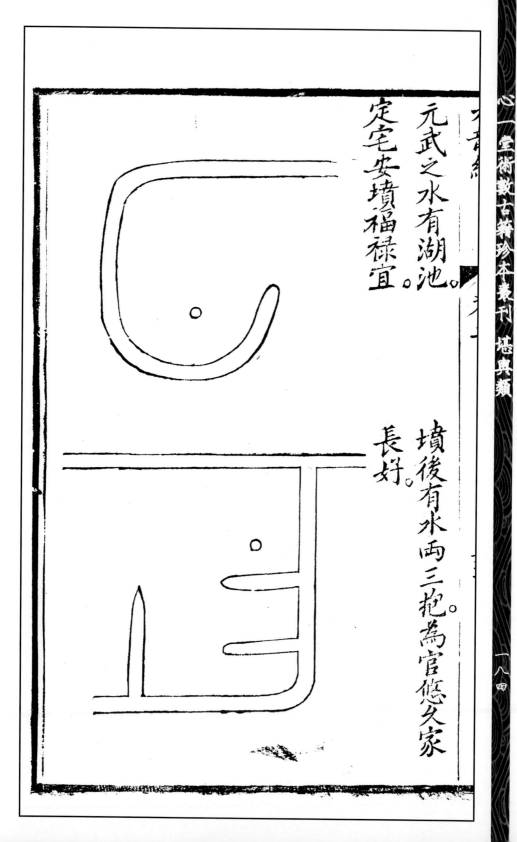

水冲元武頭。枷鎖去爲囚。
又云前丁後丁主絕人丁。

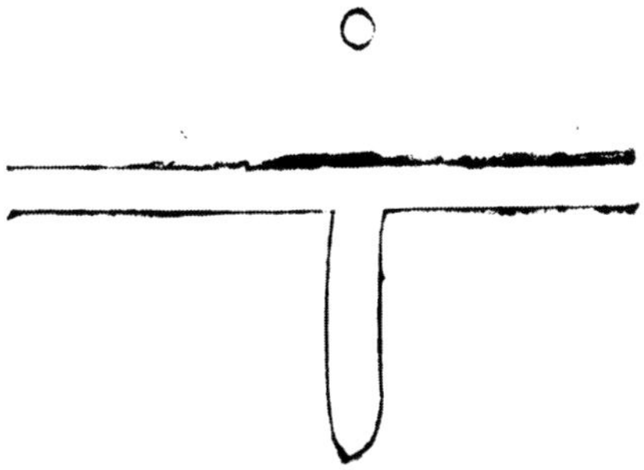

元武吐舌水風吹。
絕嗣官災少吉隨。

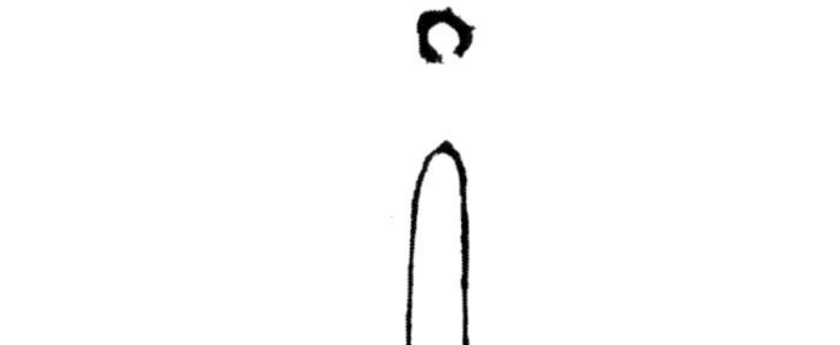

撳裙之水最無情。兩脚分開惹人心。

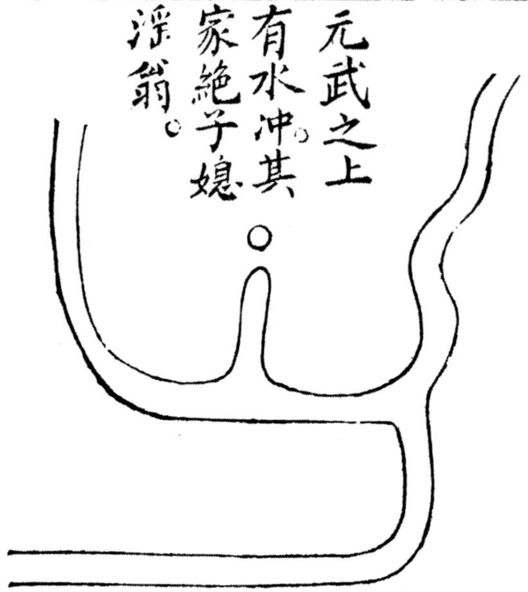

兩邊龍虎灣灣抱。富貴雙雙到。若然點穴得其方。神童定作狀元郎

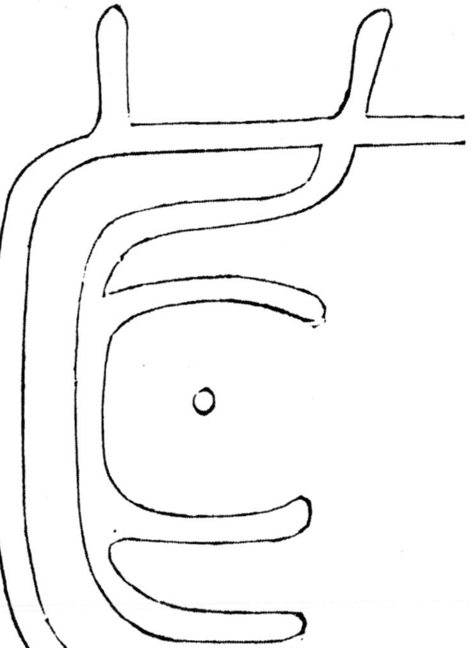

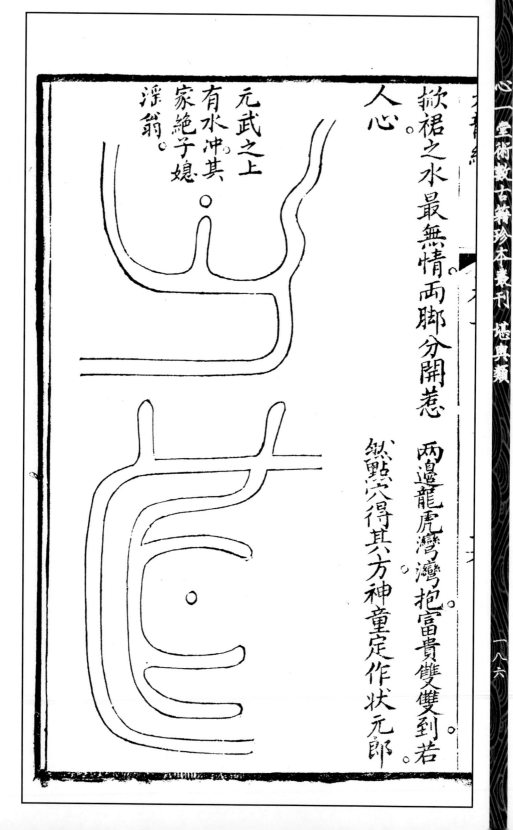

青龍水轉抱其身。
須知此地出官人。

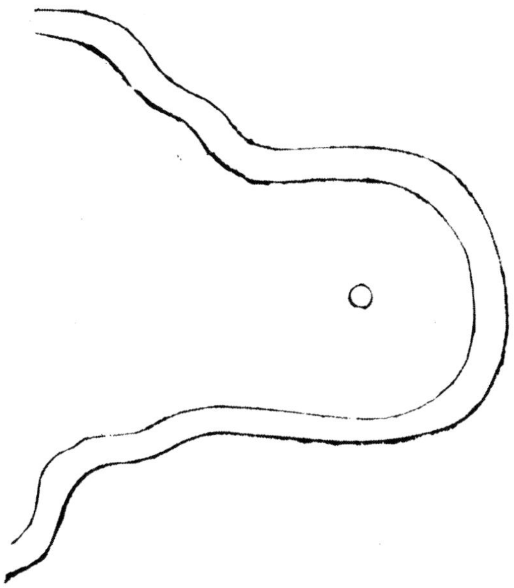

青龍白虎兩分張。
流徙退敗主離鄉。

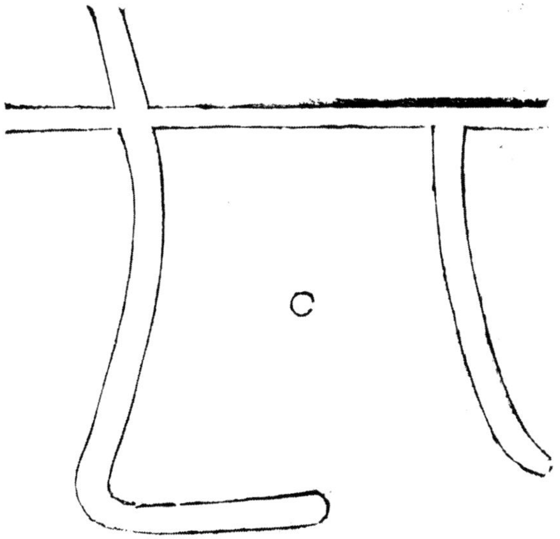

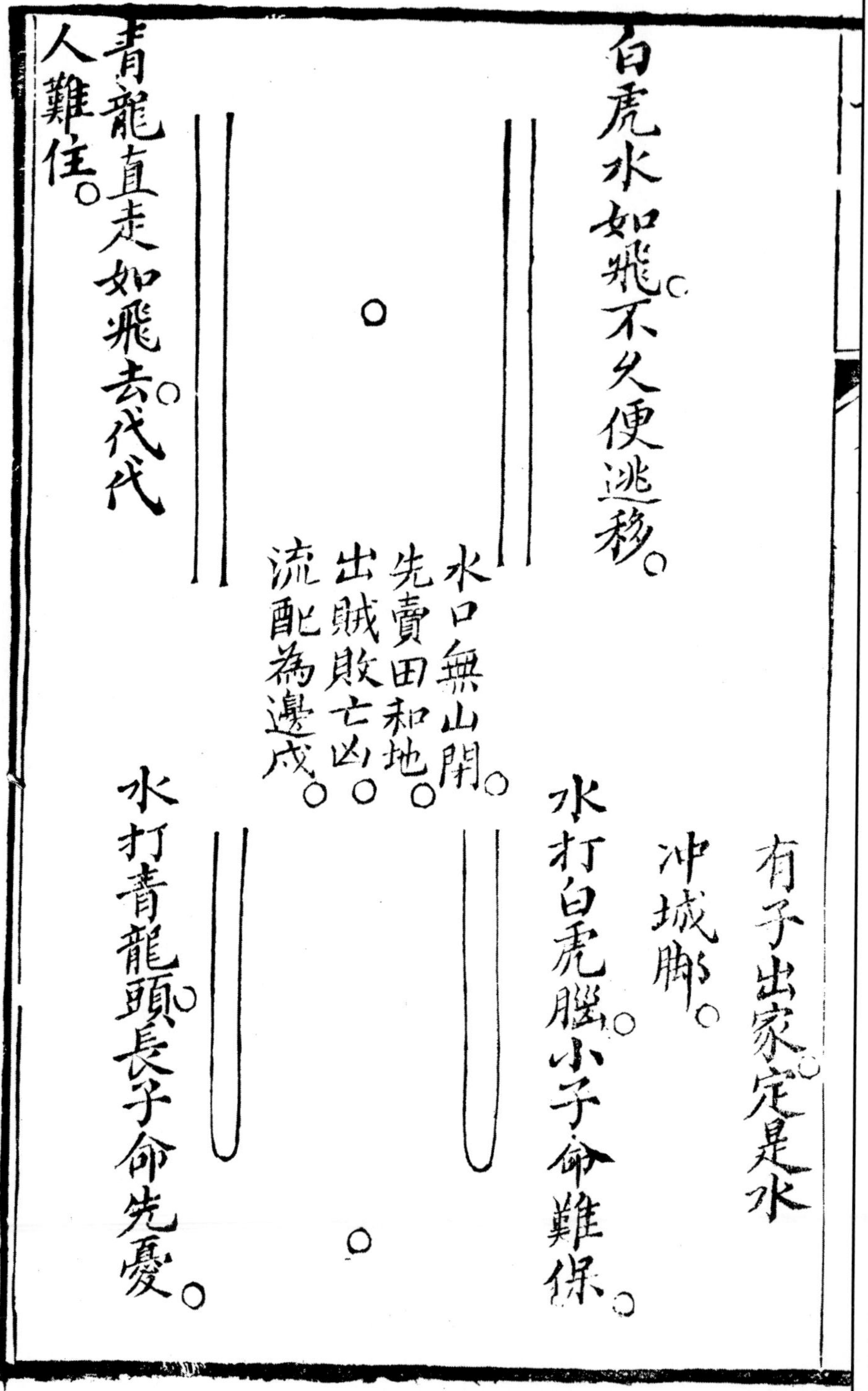
白虎水如飛。不久便逃移。
有子出家。定是水
冲城脚。
水打白虎腦。小子命難保。
水口無山閉。
先賣田和地。
出賊敗亡凶。
流配為邊戍。
青龍直走如飛去。代代
人難住。
水打青龍頭。長子命先憂。

同前

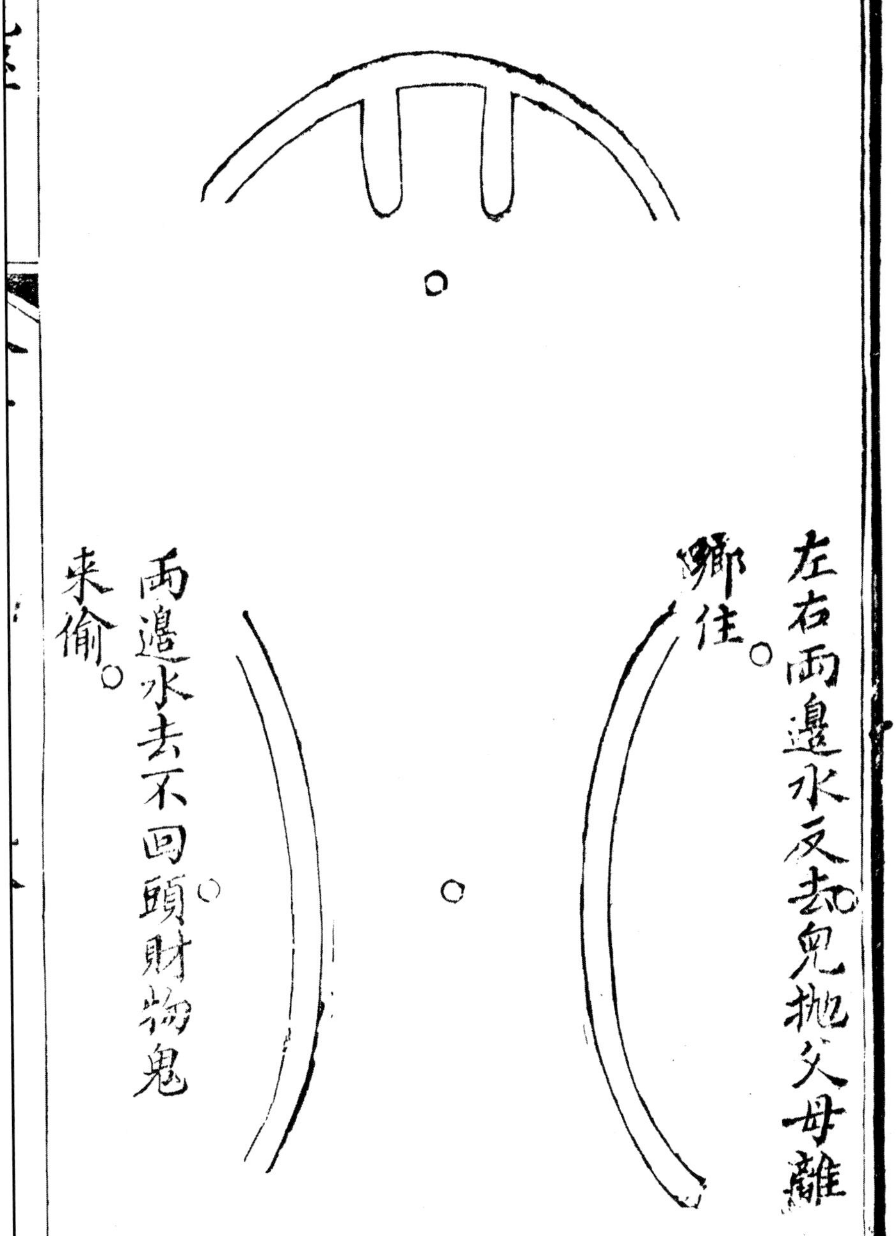
左右兩邊水反去兒抛父母離鄉住○
兩邊水去不回頭財物鬼來偷○

白虎啣屍○鰥寡無資○
少亡絶嗣○横夭扛屍○

又云右關水
爲究陰人定
損胎○

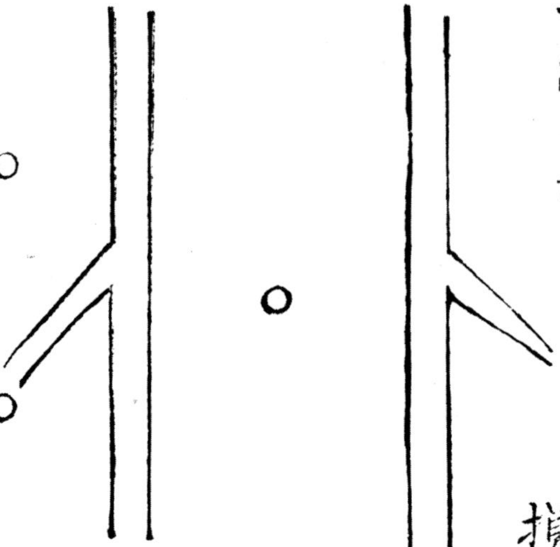

青龍吞塚○瘋勞腿腫○
横夭癡呆○離鄉絶種○

白虎冲腸○少子刑傷○

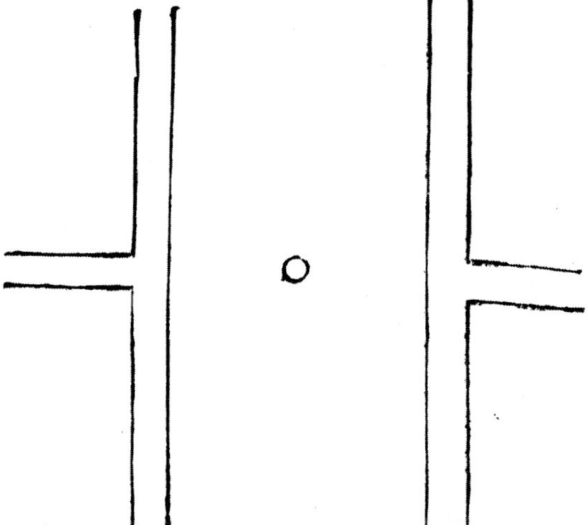

青龍冲腹○長子瘋疫○

白虎啣屍。貧老無兒。

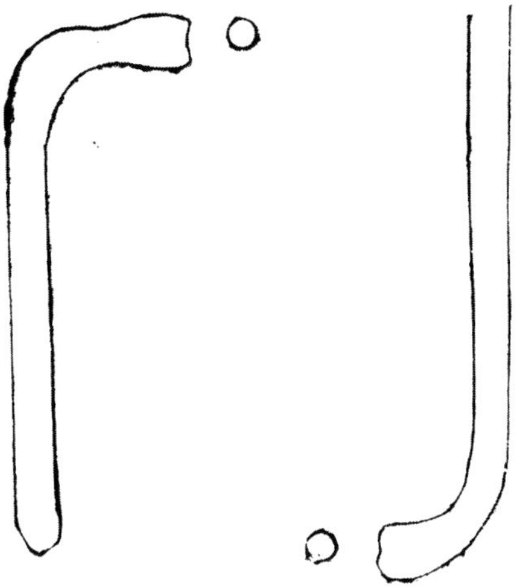

青龍吞塚。憂惶種種。

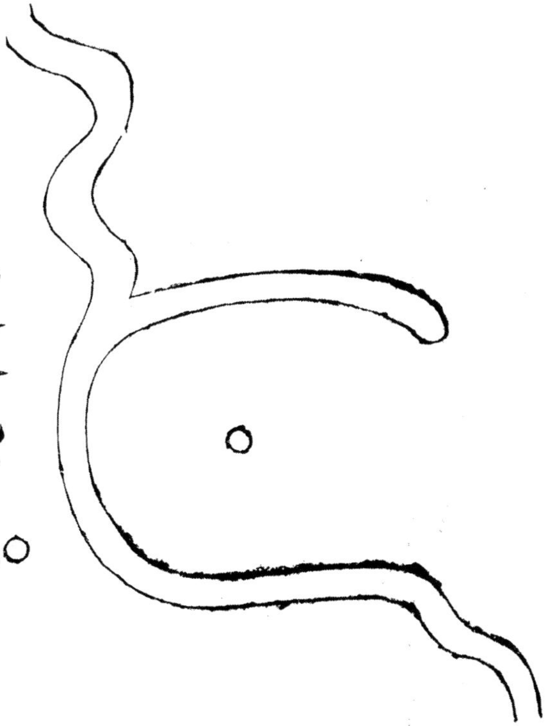

青龍之水抱墳兜。出人富貴不須憂。

青龍之上一浜来。此地安墳任點裁。
更得後河多積水。世代兒孫解狀元。

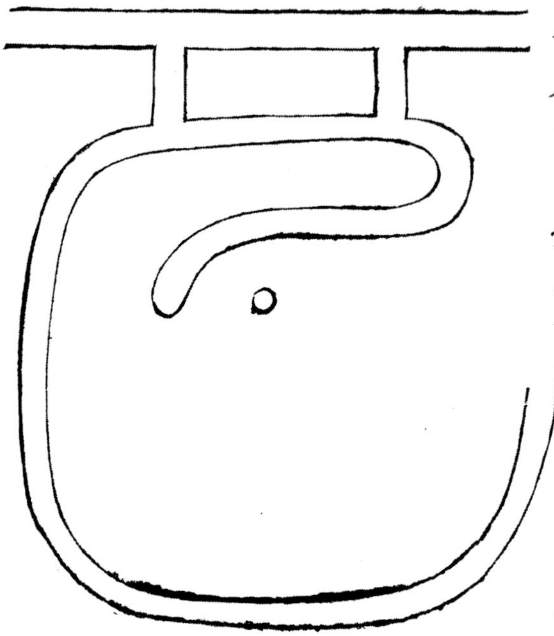

青龍抱体足堪誇。
其家年少達京華。

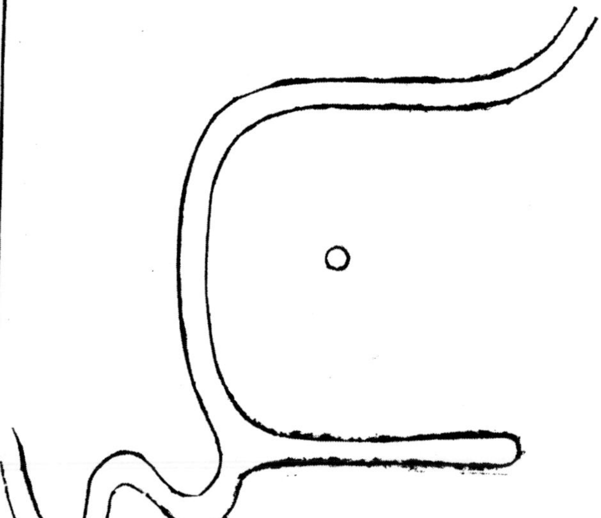

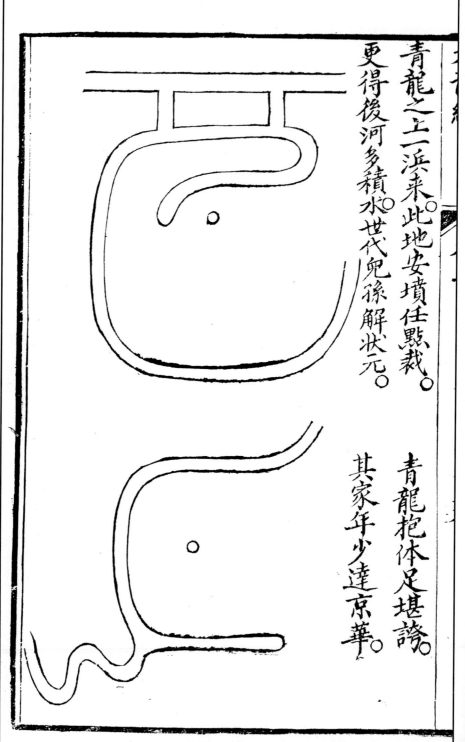

青龍左轉抱其身

富貴有聲名

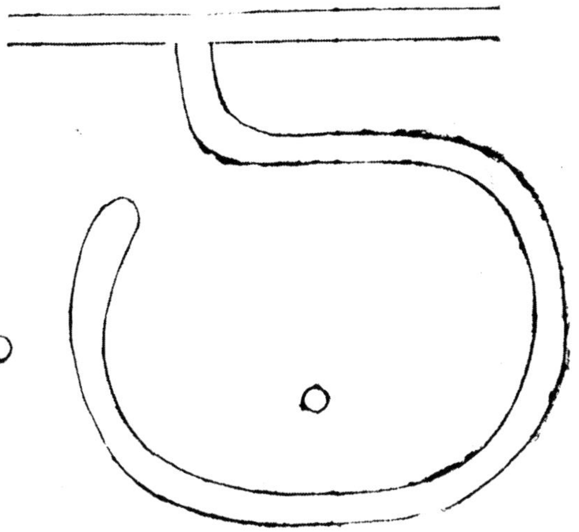

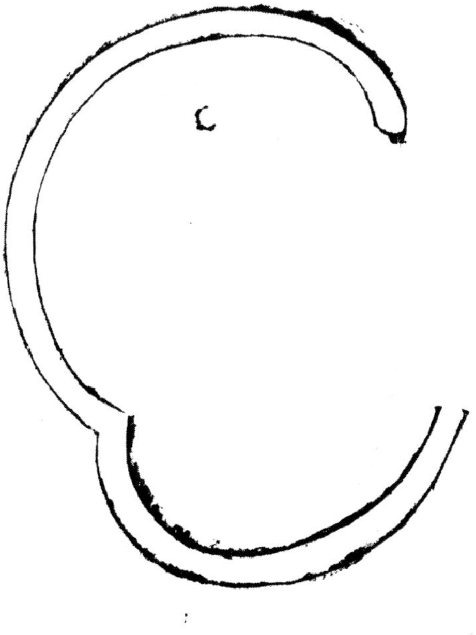

青龍灣轉如牛角

子孫代代登紫閣

青龍灣抱穴。富貴廣田宅。

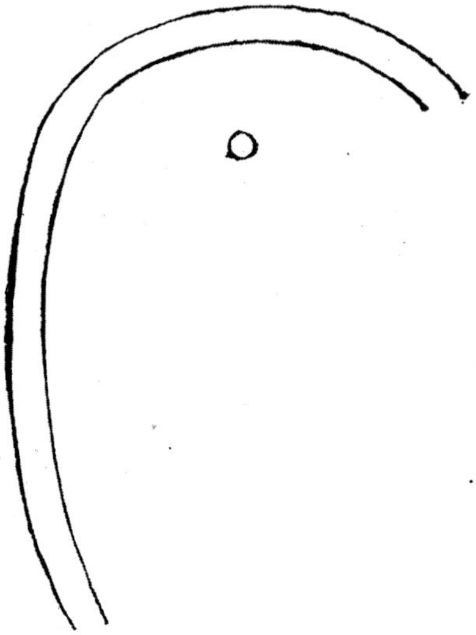

青龍水似龍。富貴比石崇。屈曲門前炤。子息侍王宮。

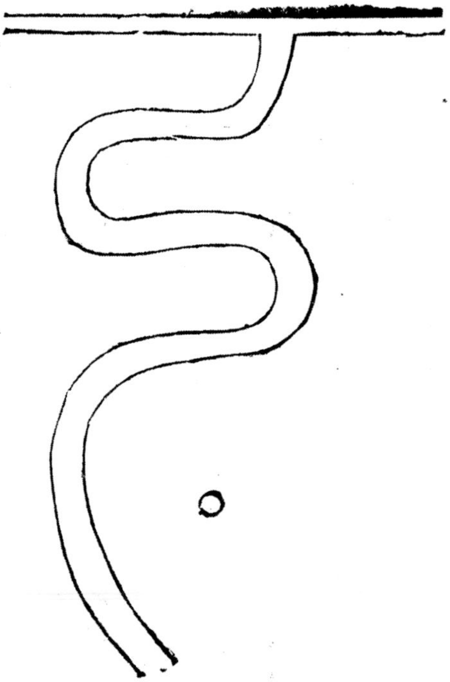

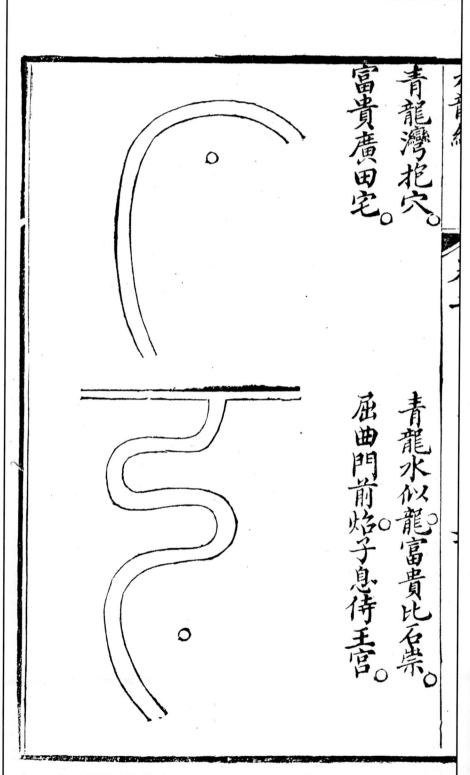

青龍屈曲抱身来。
世世兒孫入帝臺。

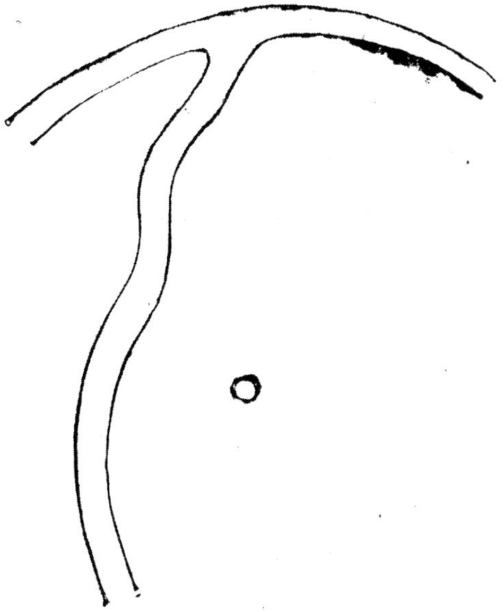

青龍水反逆。子孫無官職。
君若扦此地。誤殺人千百。

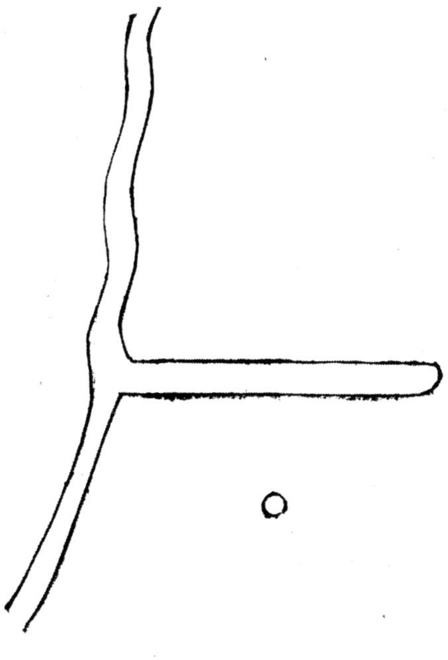

青龍反去不朝身。
長子定先貧。

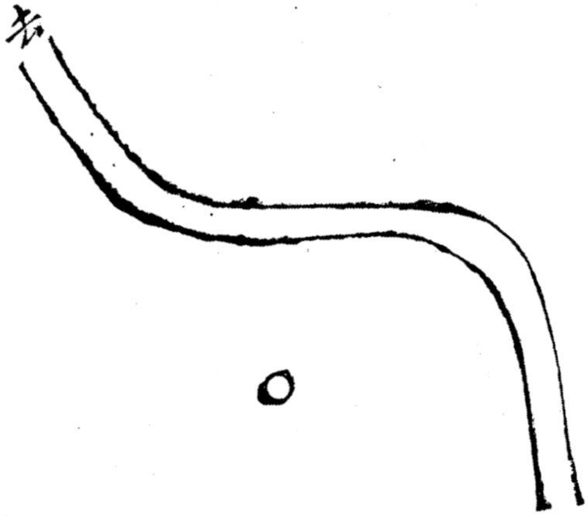

青龍一水如鎗来。
長子必凶灾。

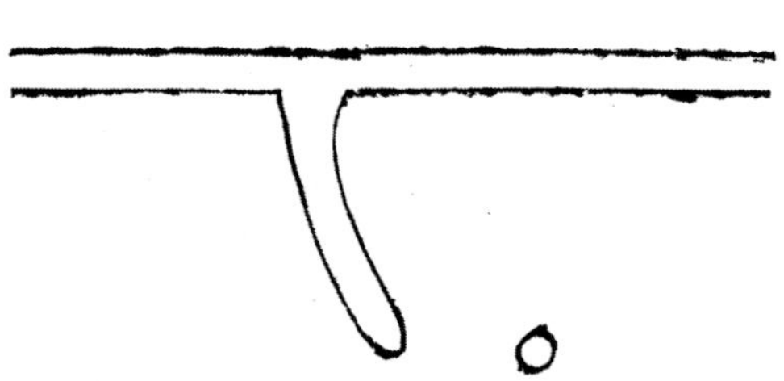

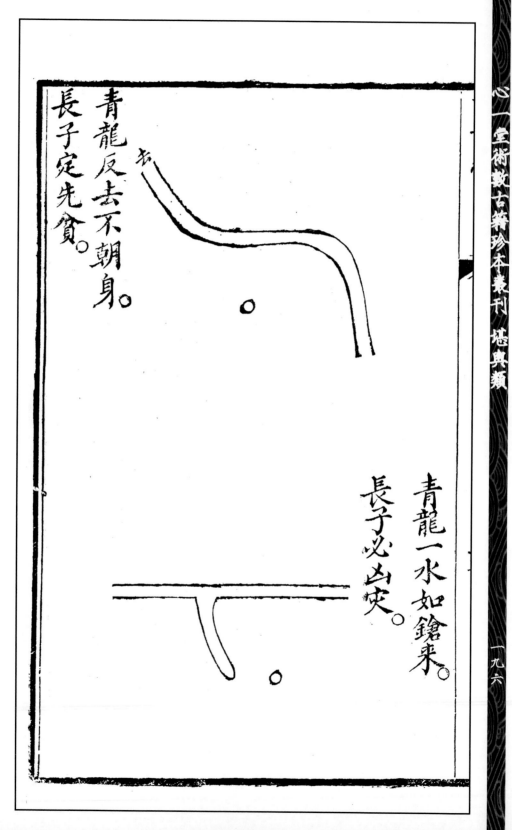

青龍水射入子孫傷。
死幷軍賊。

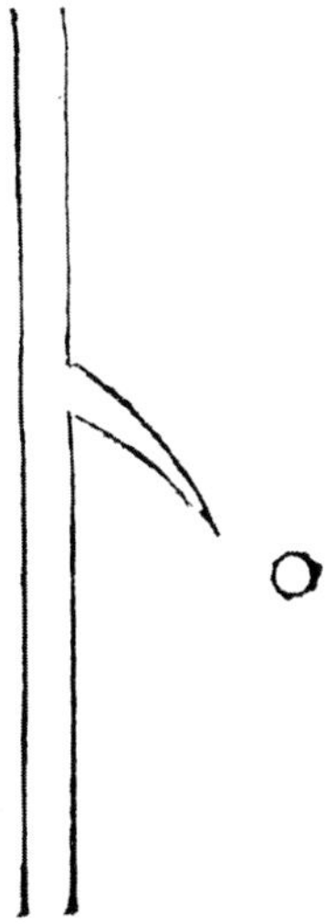

青龍水反飛。
家破幷人離。

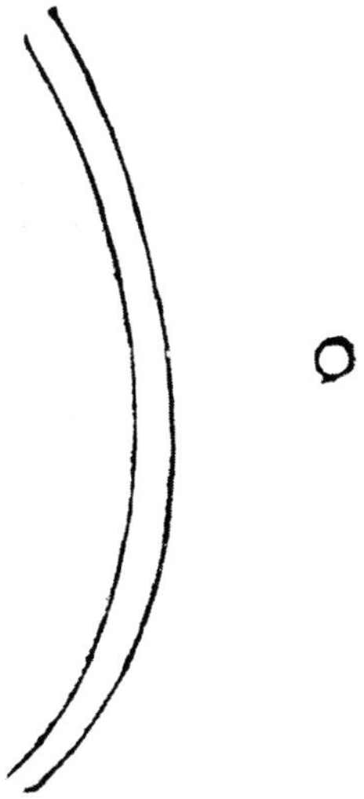

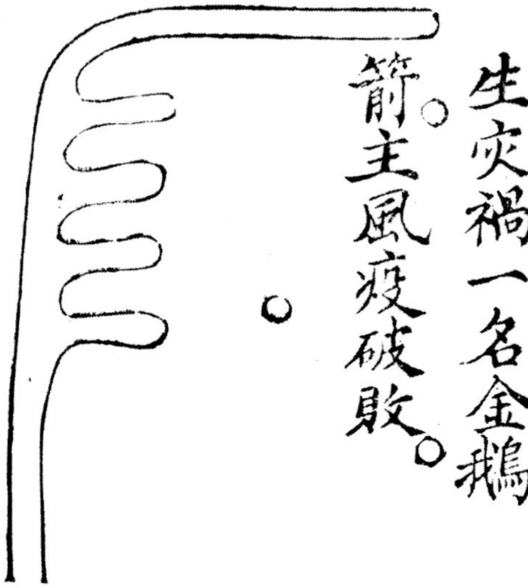

青龍水多破。下後
生灾禍。一名。金鵝
箭。主風疫破敗。

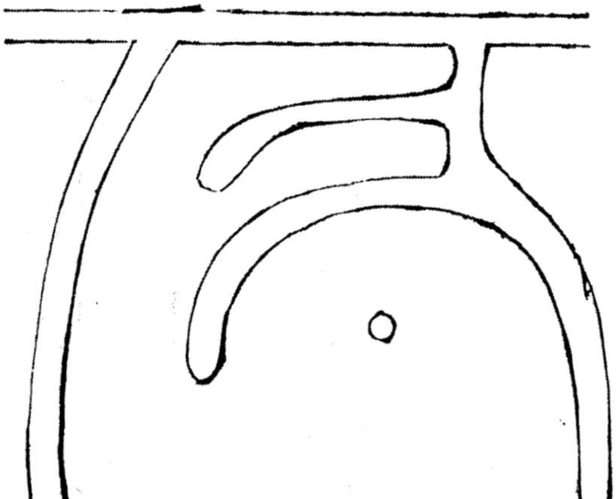

白虎水抱兩三重。
兒孫發福永無窮。

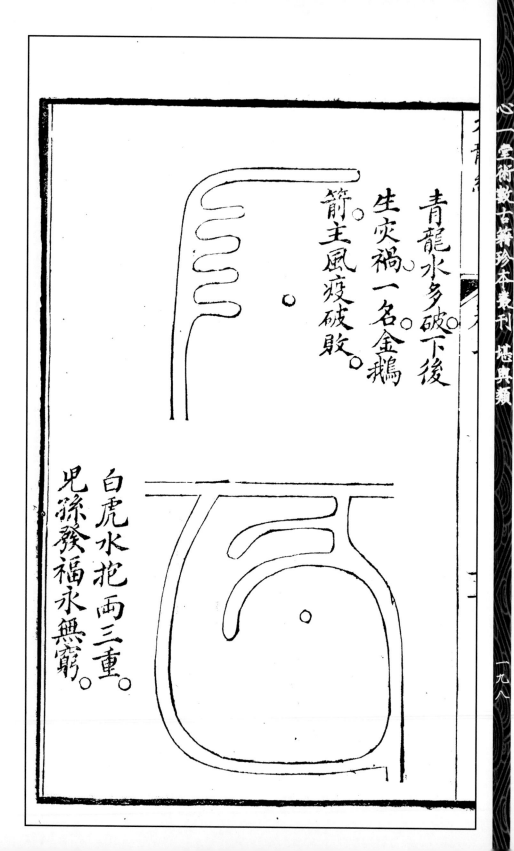

白虎位上大池塋。
衣食永無憂。

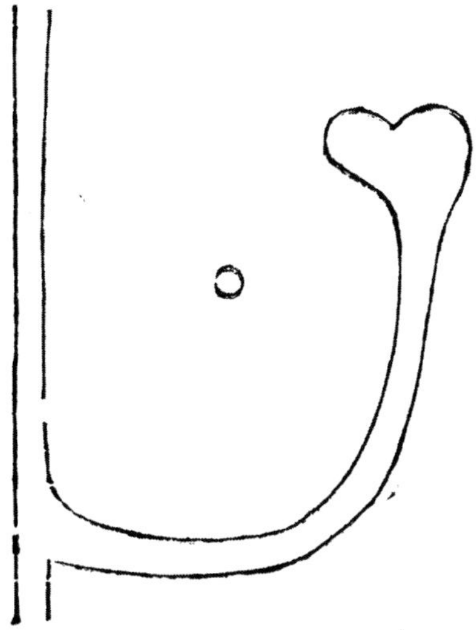

虎水象牙刀。
兒孫掛錦袍。

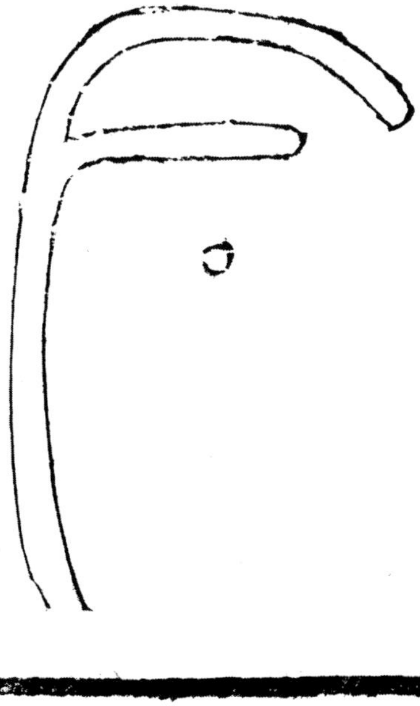

白虎遶如帶。代代官不壞。

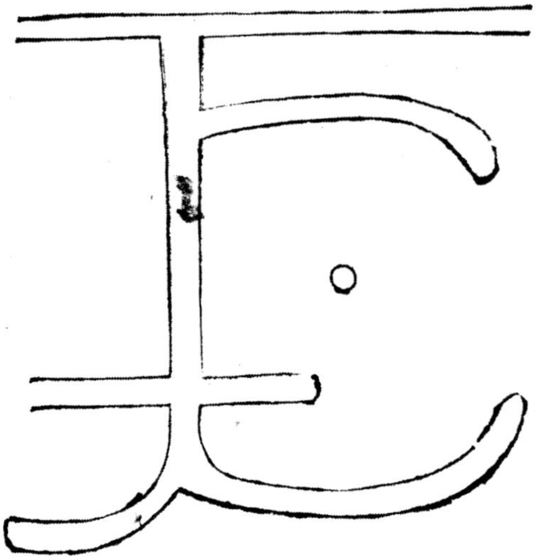

白虎有河兴寡婦。招郎賣田園。

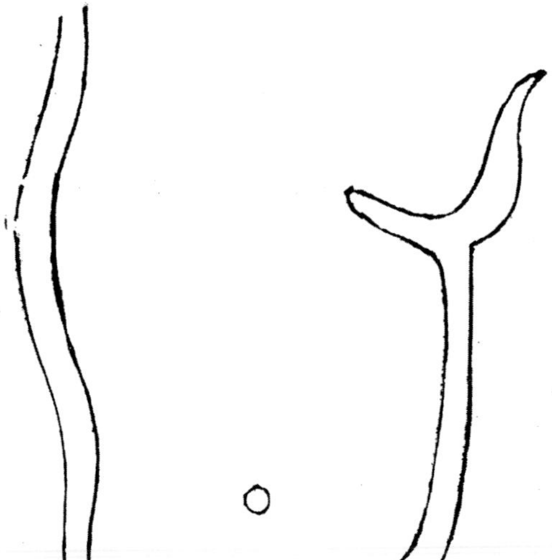

敗關之水白虎來
瘟火及官灾虎水
去如飛代代盡移

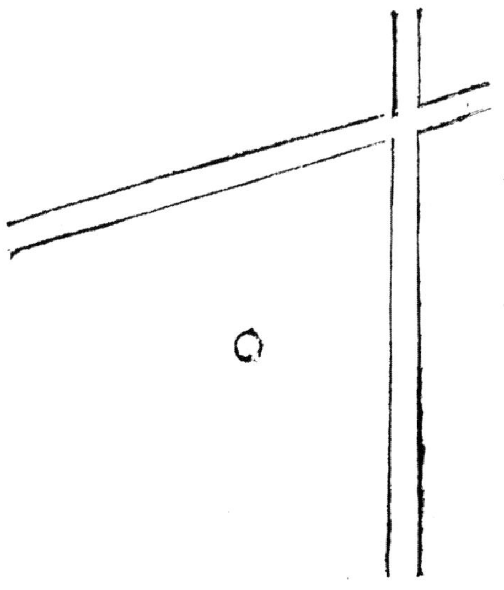

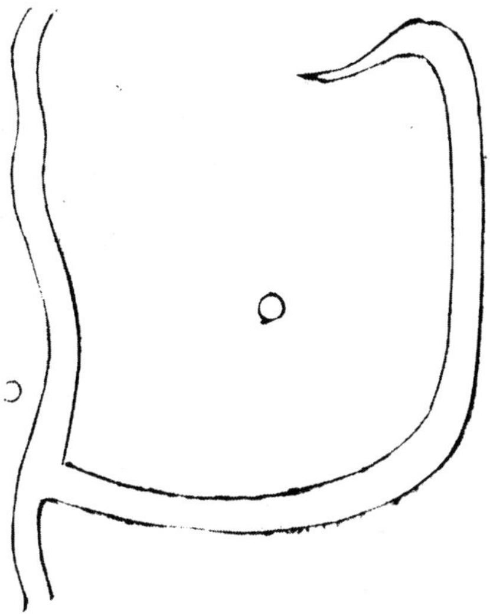

白虎勾来對着坟子孫
爲盜又兼貧

右邊砂水利如鎗。必定子孫主殺傷。

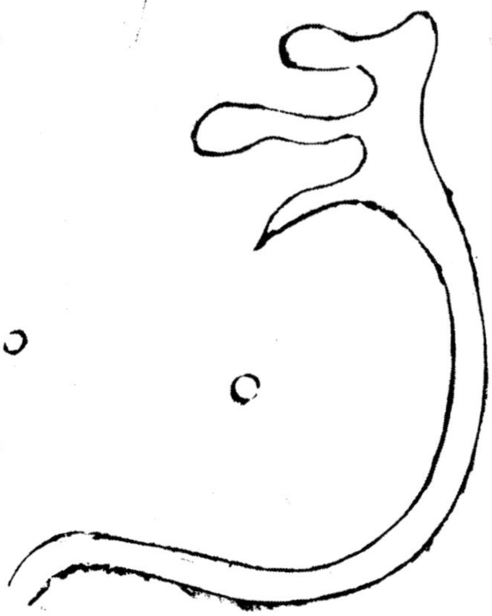

虎口河共當面至。小子賣田地。

官事頻頻禍患凶。長子橫亡貧。

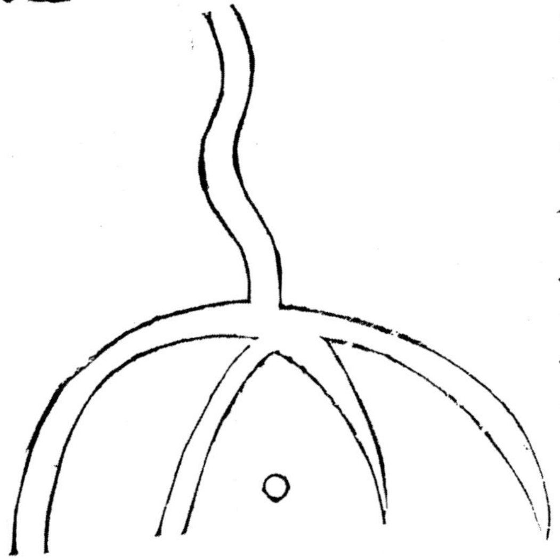

火入金城兩相戰。葬後其家終不顯。

功名或是出旗鎗。後代兒孫必陣亡。

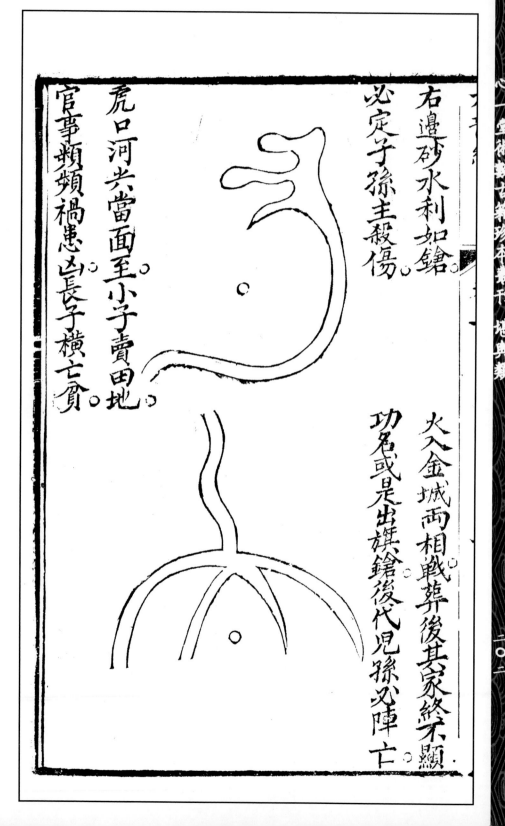

論形局

水見三灣富貴安閒
水來當朝家自然豪

又云貪狼之水面前朝子孫
代代産英豪不問去來併前
後官居臺閣五雲高

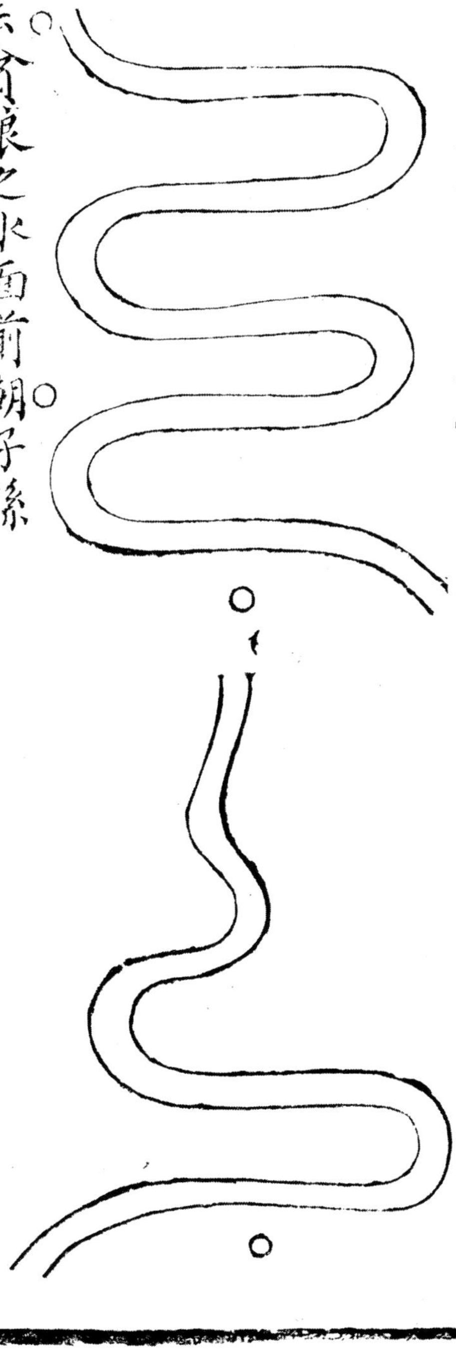

仝上

之元屈曲應門前。富貴兩兼全。

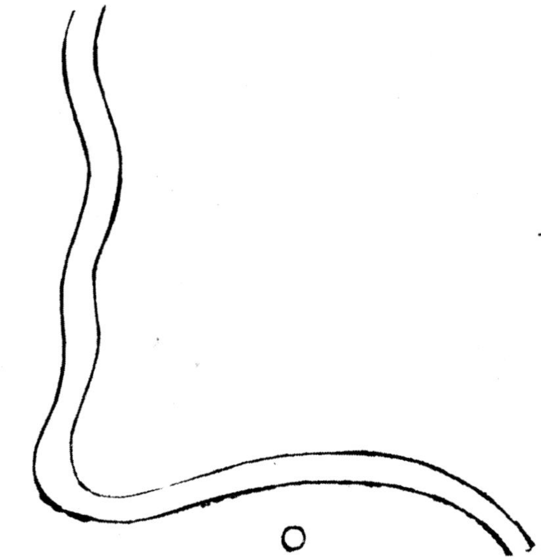

水轉三灣富貴清閒。若扦此地官顯朝班。

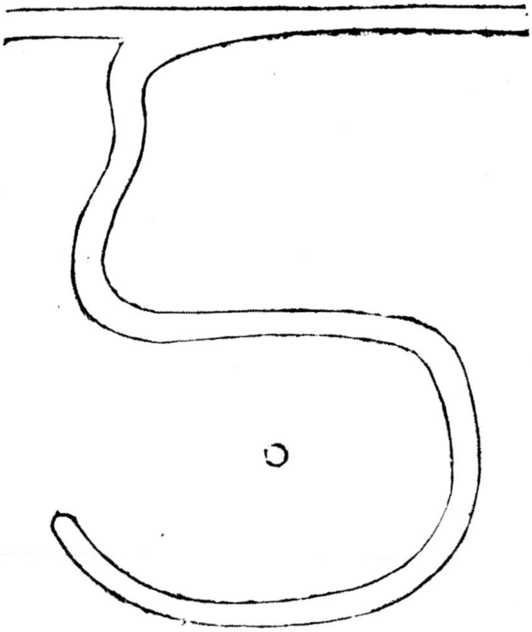

水從左来穴居右。
富貴而壽。

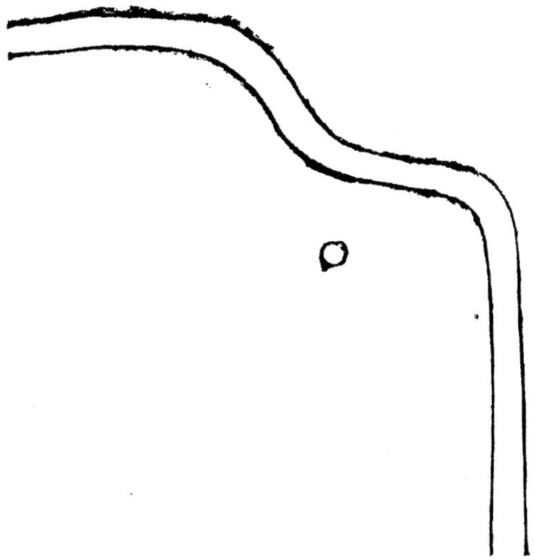

水從右来穴居左。
官高而富。

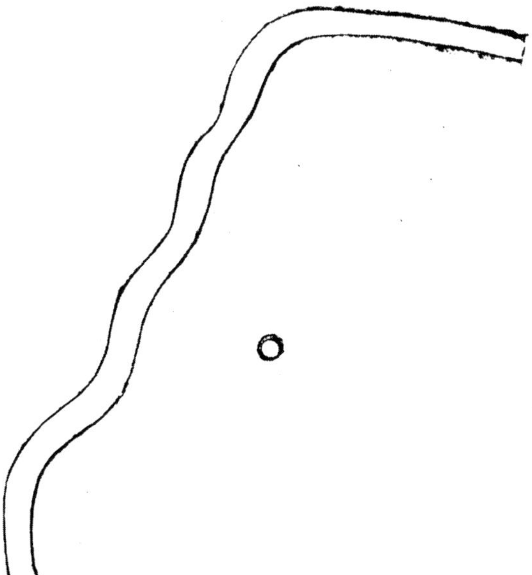

龍虎兩相鬪。悖逆多凶咎。
父子不相親。兄弟如讐寇。

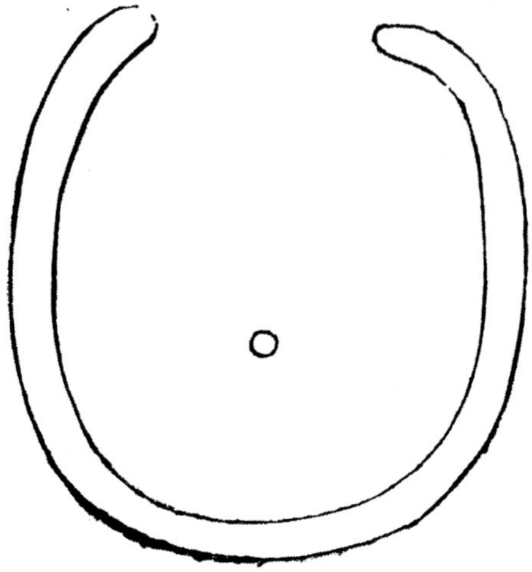

左右水直無裝。兒孫必主憂愁。雖
然有水後兜。定無子嗣守邱。

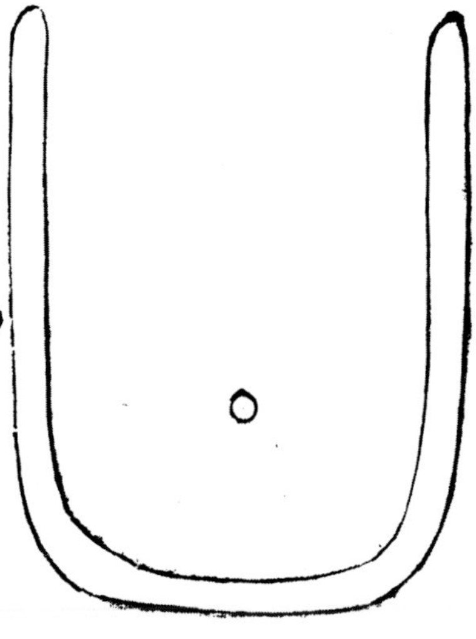

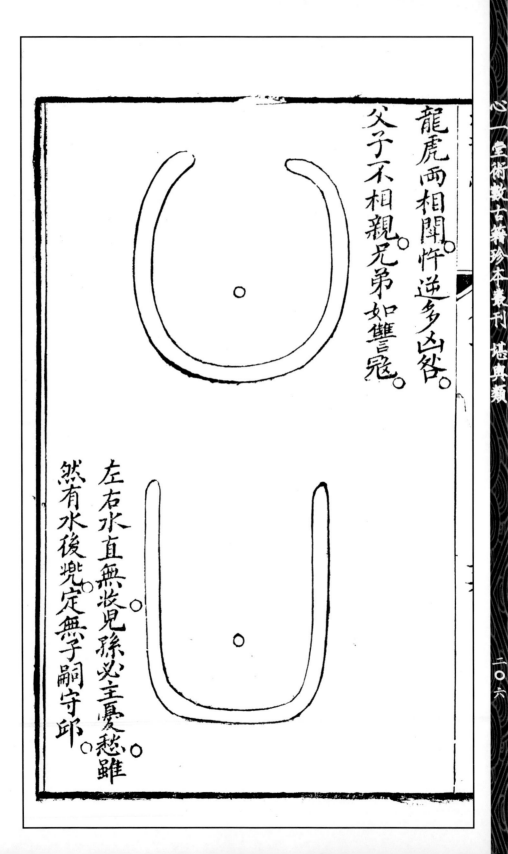

吉水左來朝。
家業自然豪。

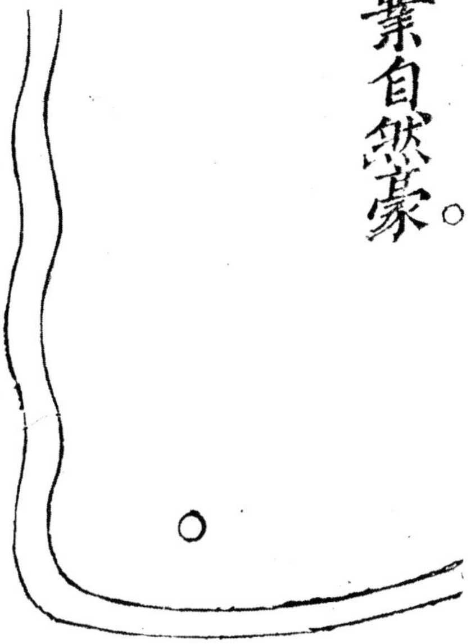

水似生蛇。此穴最佳。
若逢二穴。富貴儒家。

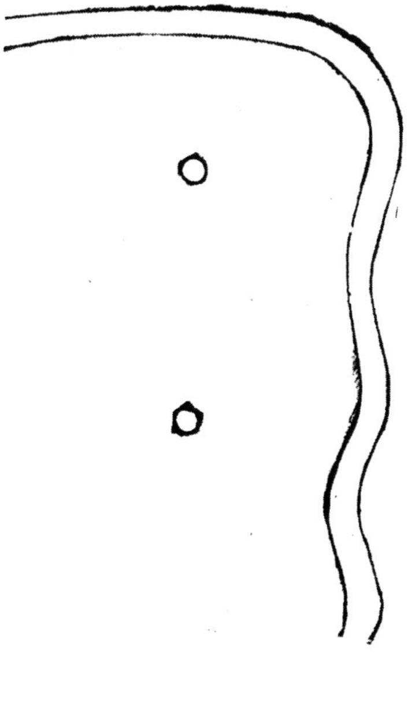

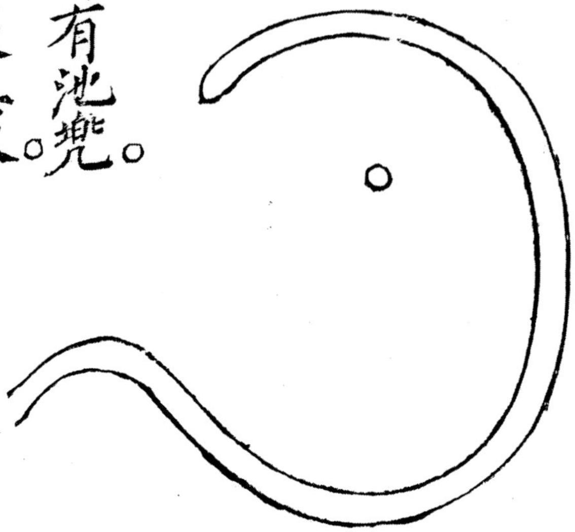

右畔有池兜。富貴永無休。

廻龍之水穴居灣。為官不等閒。

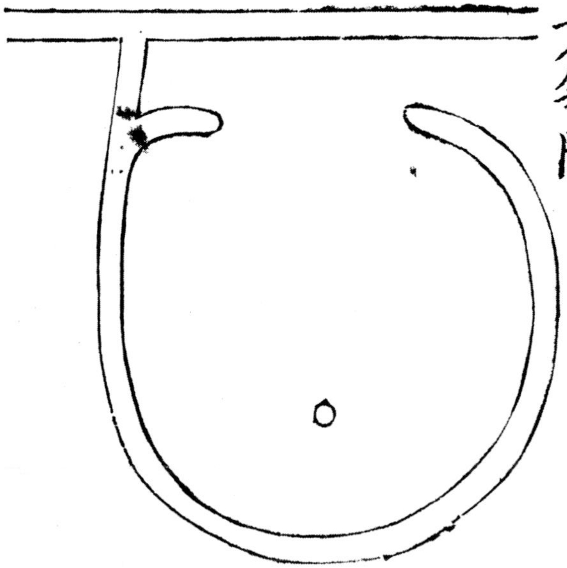

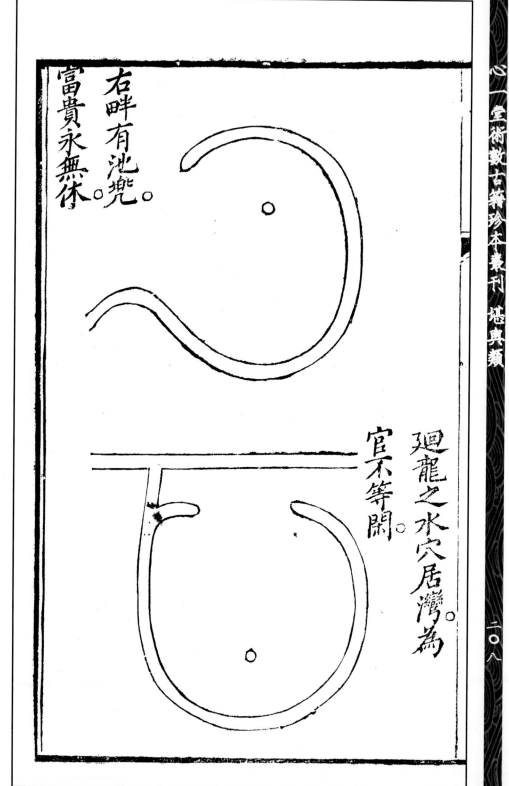

浪打風吹不可行。

後水灣兜吉有餘。

此地無遮穴自寒。

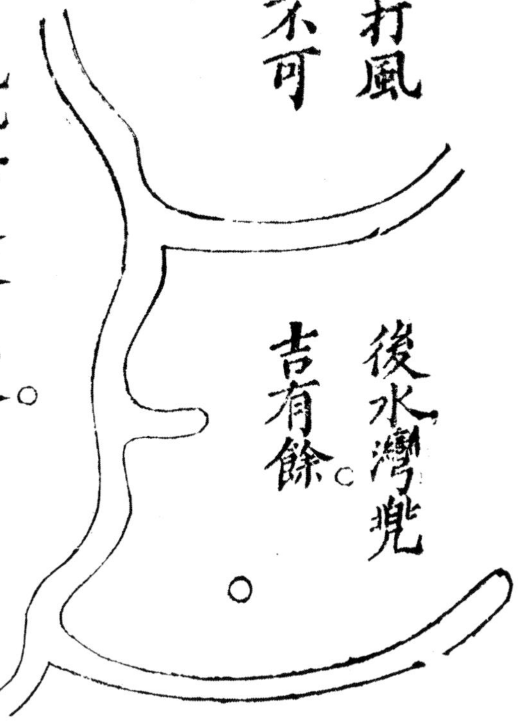

西朝水返歸西去。子孫登科第。

東朝水返歸東去。日後欽名譽。

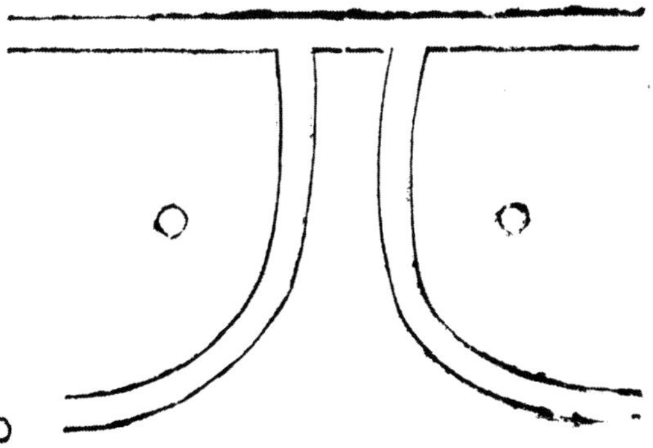

右邊二水抱。家內足金寶。

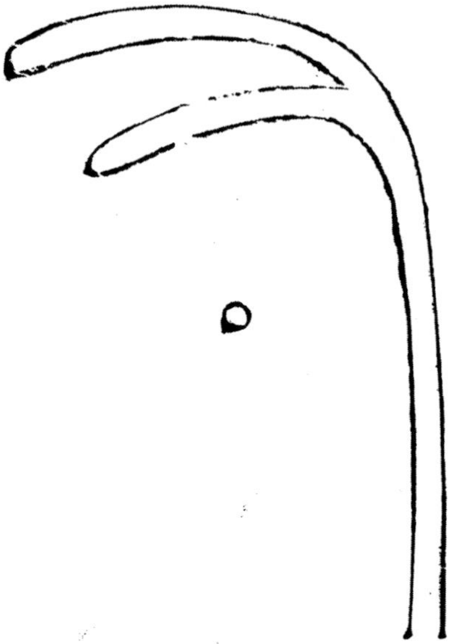

右水縈勾身子息。投軍必殺人。

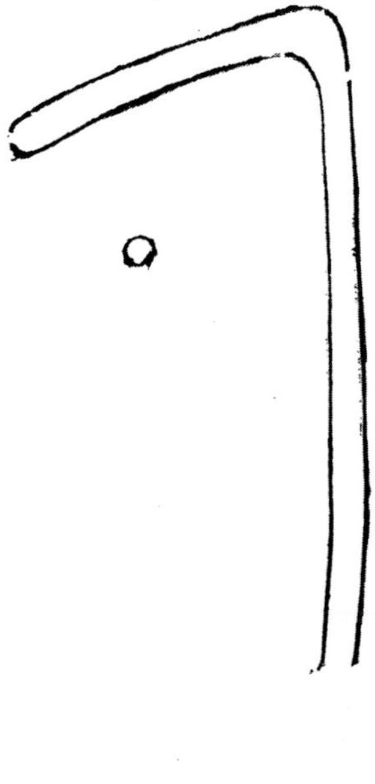

面前如華柱。子孫離鄉去。

即水冲城脚。

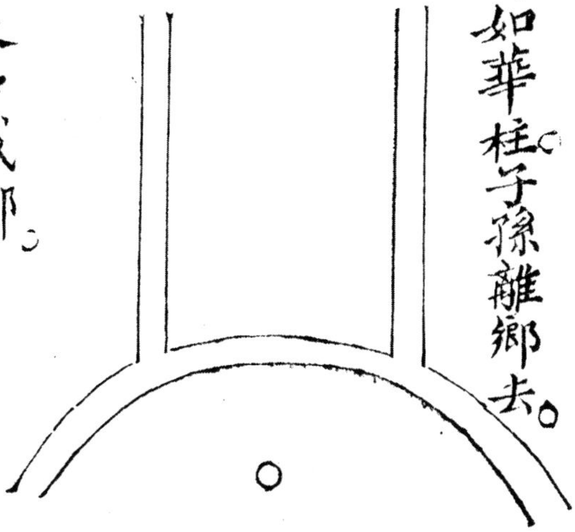

二水不宜長。魁土主離鄉。

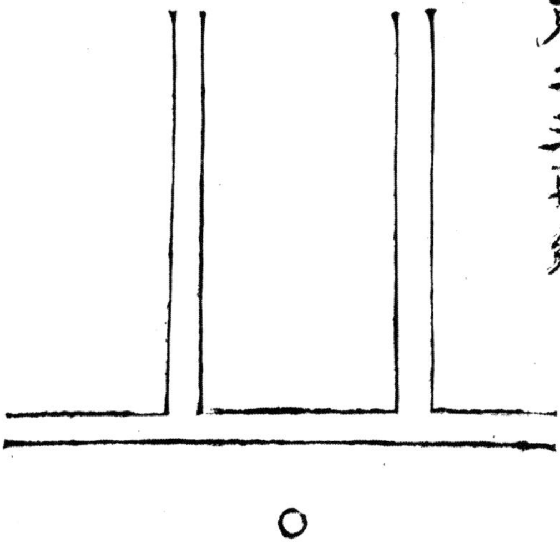

水若冲闕孤寡淒寒。如居前案。人死無棺。又云前冲之水兩分流。有井當中滛不休。

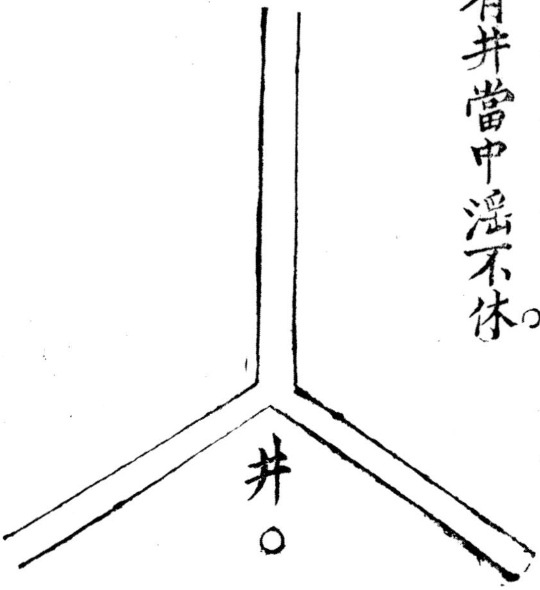

墳前一水直冲穴。下後兒孫必定絶。

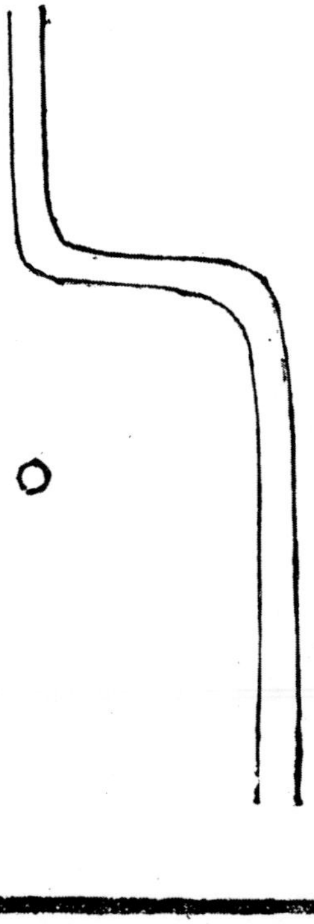

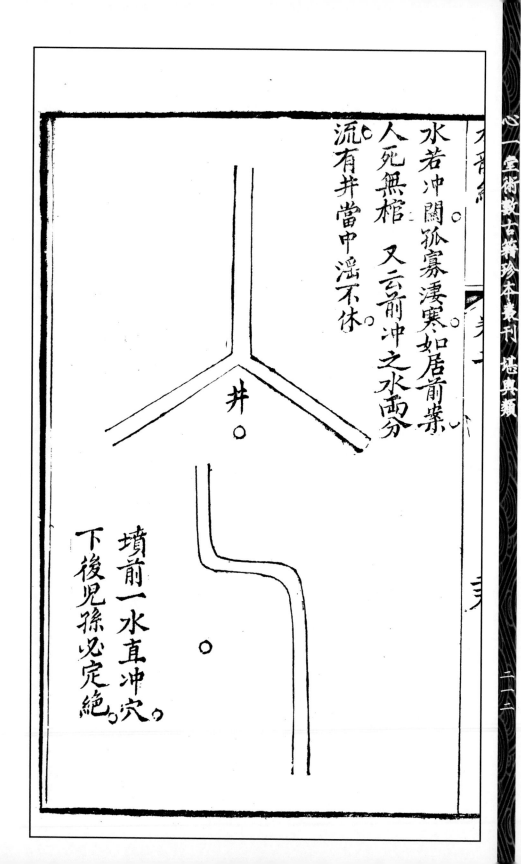

前面水冲穴。下後子孫絕。

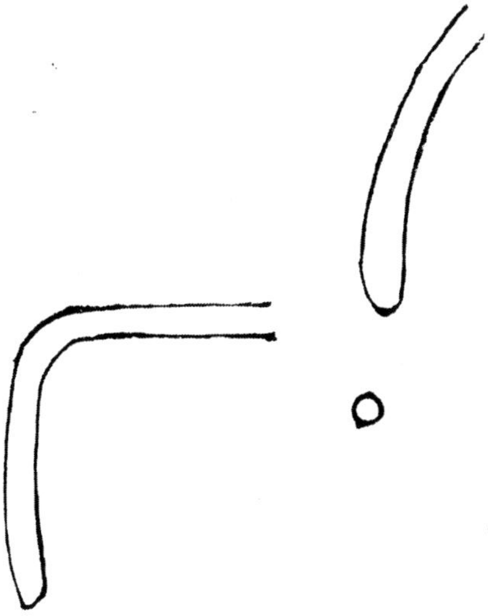

後水若冲來。暴富出刑灾。

水中龍臂須看来勢。平處還可。若高不利。

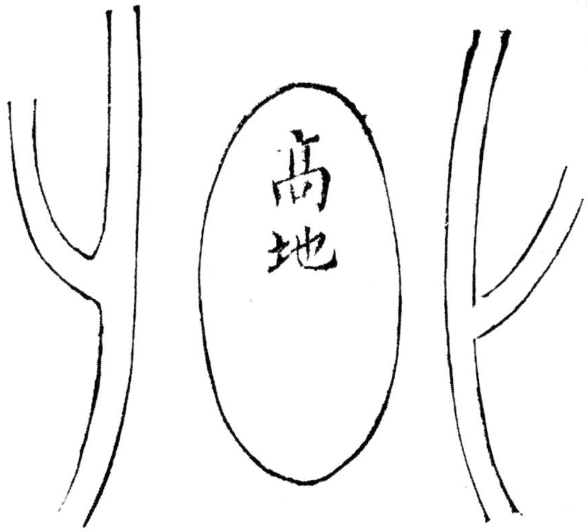

有水冲脇来瘋患損人財。
左冲殺長右冲殺小。

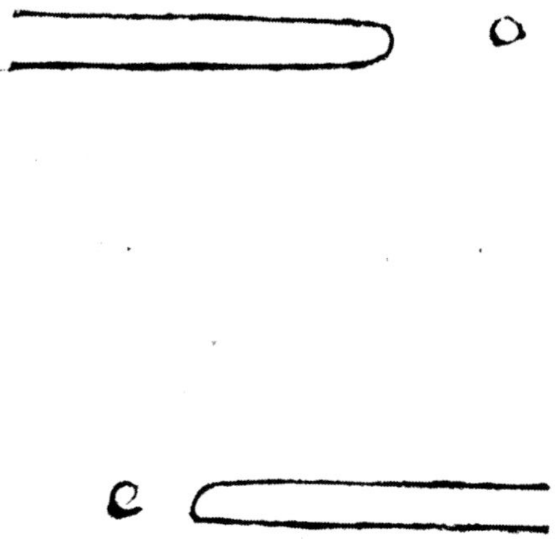

水流灣曲射佳城。
子孫僧道亦家貧。

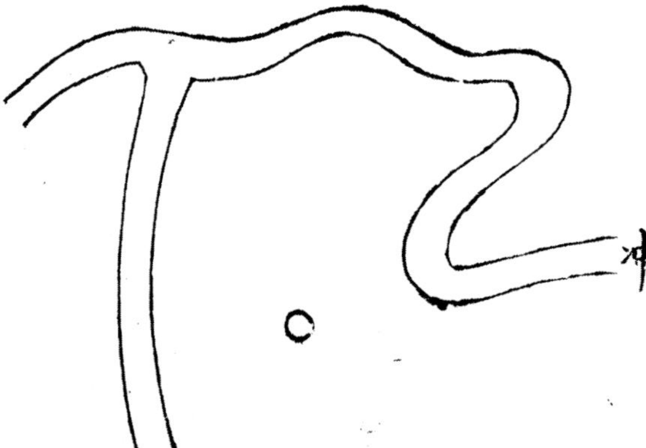

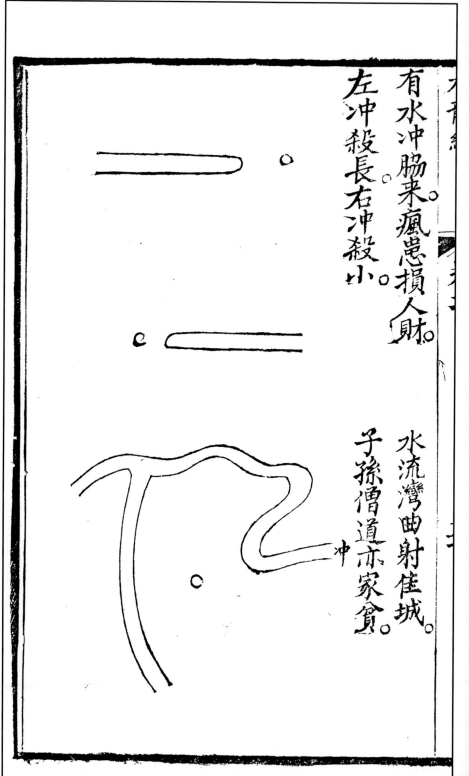

龍虎分飛。父子東西。又云乾風打。艮風吹。不久流移定不回。

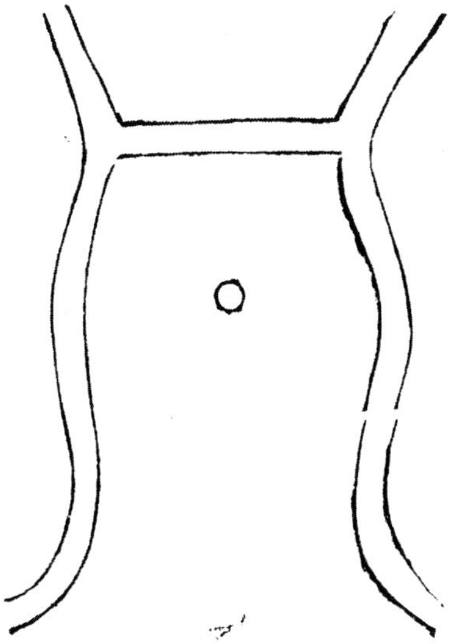

水穿虎眼。東西兩畔。更破城門。人財星散。

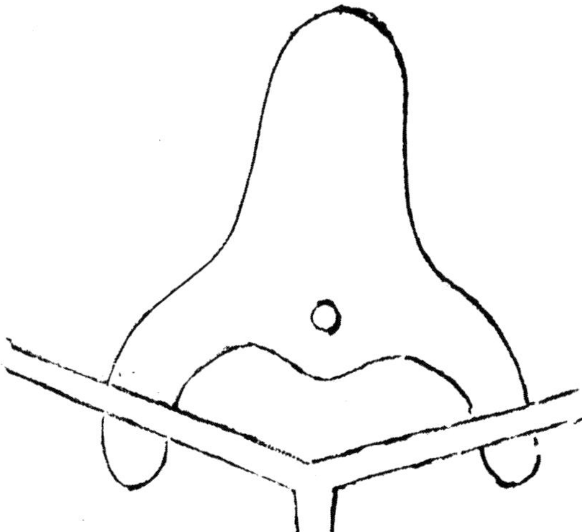

左右分張徒配離鄉。
朱雀拖嘴官事敗亡。

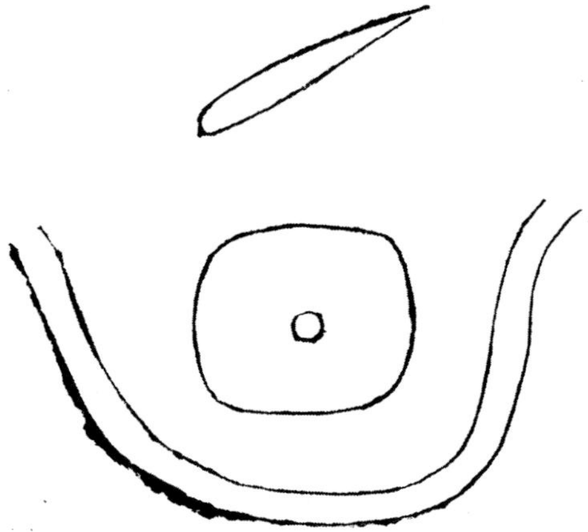

朱雀之水兩分開。災禍日日來。
又兼淫亂無男女。何須將眼觀。

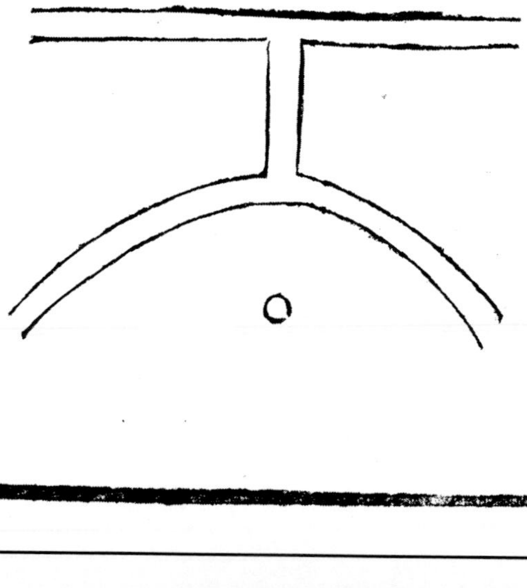

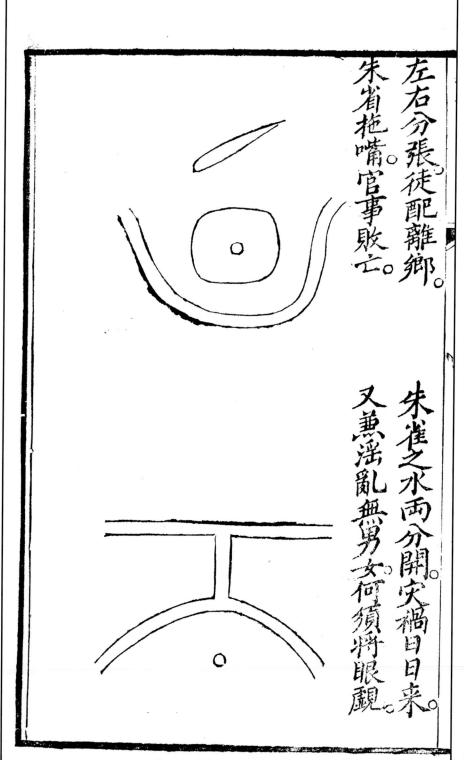

裹頭城裡莫安墳。割脚東西動火爐。疑是真龍求發福。到頭終久敗兒孫。

裹頭城。風字脚中。男占。長小絶。

水脚兩分流。其家一旦休。

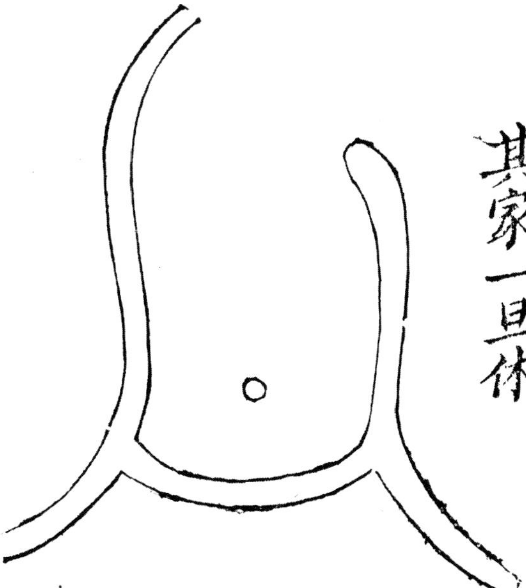

墳前之水分八字。其家
定出忤逆子。

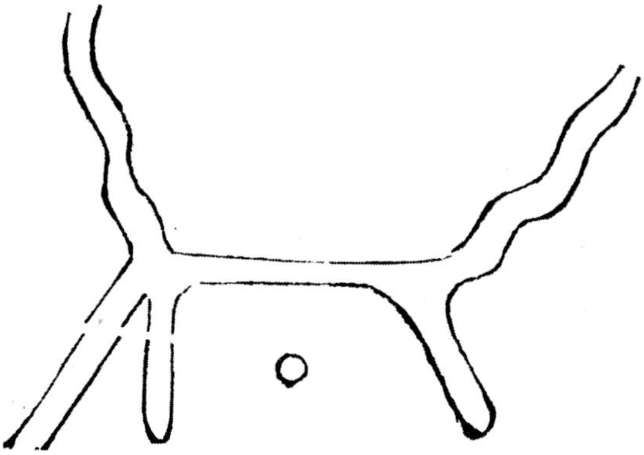

後有水拖鎗。少亡淫亂娼。
軍賊遭刑戮。二代絕人蹤。

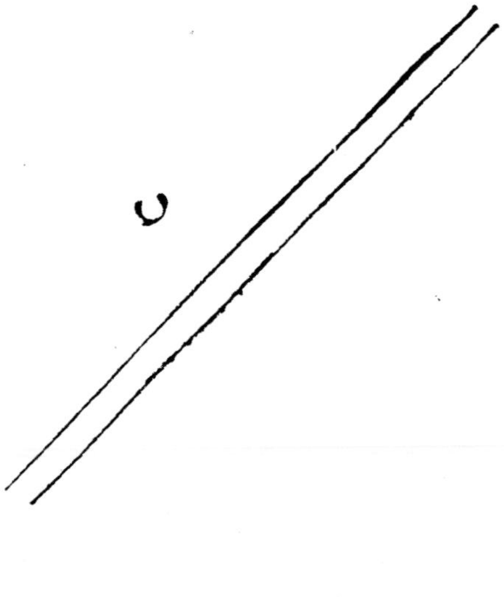

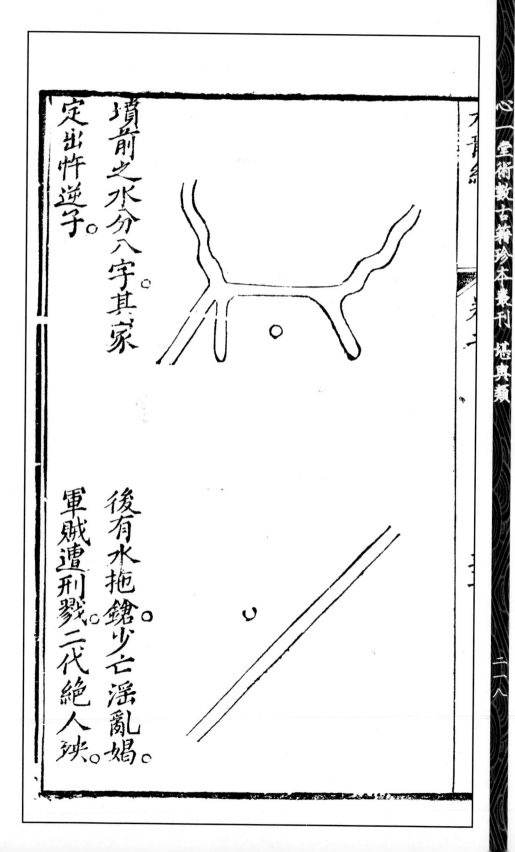

坎前有水不相顧。常招女婿當門戶。

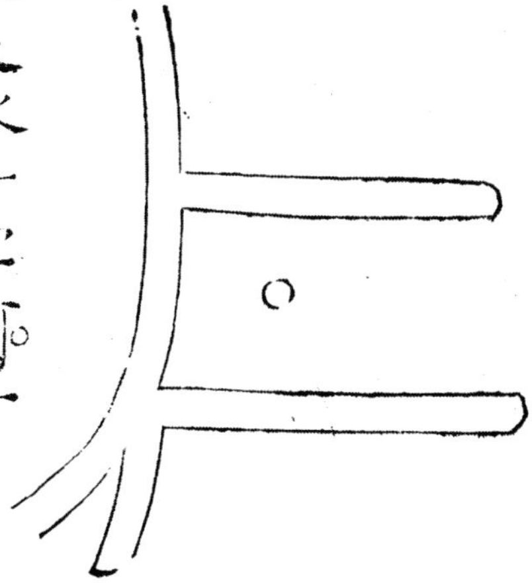

坎後艮水十字河。孫風疾受灾磨。

長河一水通舟直。兩邊不許安墳宅。若有人家安坎宅。子孫遊蕩為軍賊。

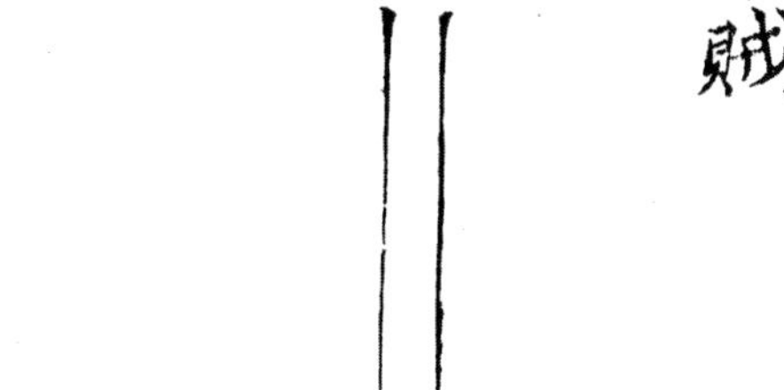

水若廻頭去不歸。必定主分離。勢如火焰遭凶死。家業盡成灰。

明堂屈曲斜飛水。賣盡田園終不起。初来車馬滿門庭。下後貧窮無鈔使。

五馬五方馳。水散似分尻。明堂若端正。臨刑赦放歸。

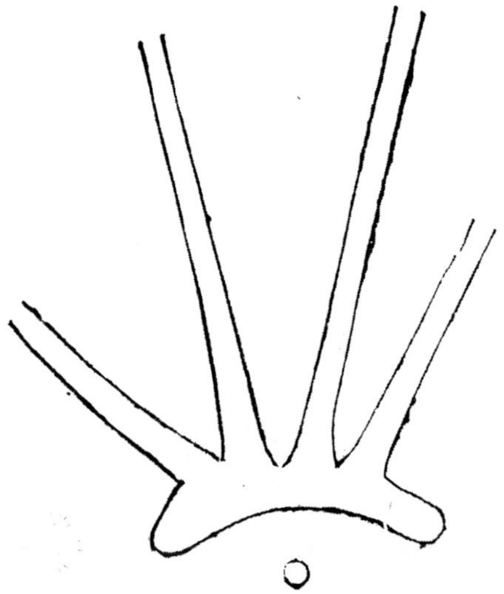

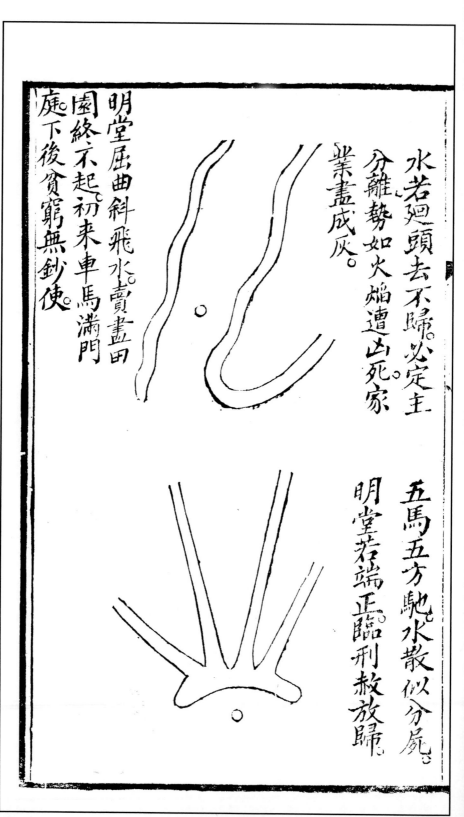

水來生浪如蛇走。人倫敗亂家財有。

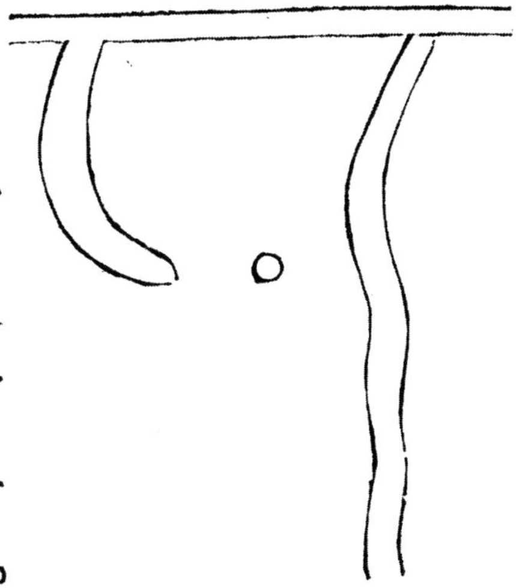

青龍有水射其身。子孫刑獄主充軍。

乾水支流。子孫後休。

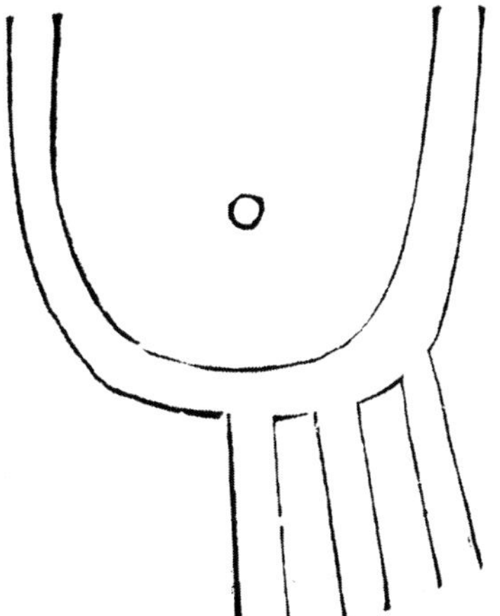

水向乾流。必出賊頭。

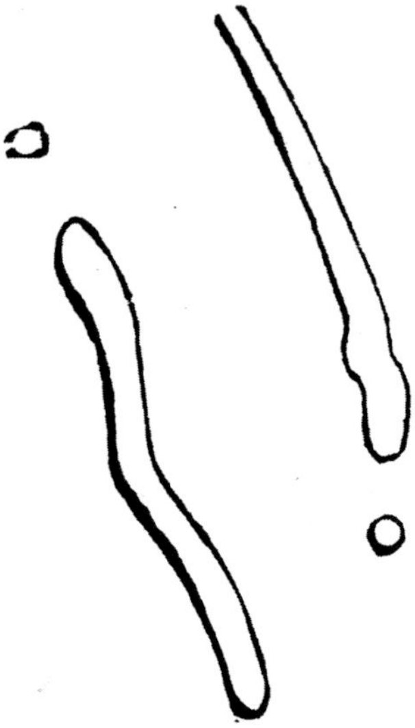

前砂順水似飛旗。金火相刑誰得知。
軍賊跛跏跎瞎有。弟兄相殺見凌欺。

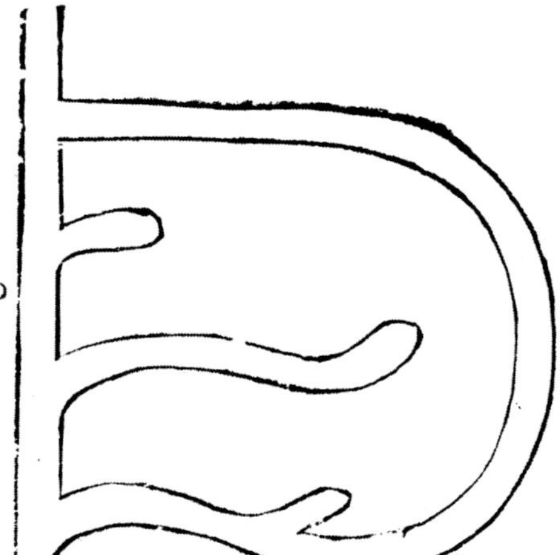

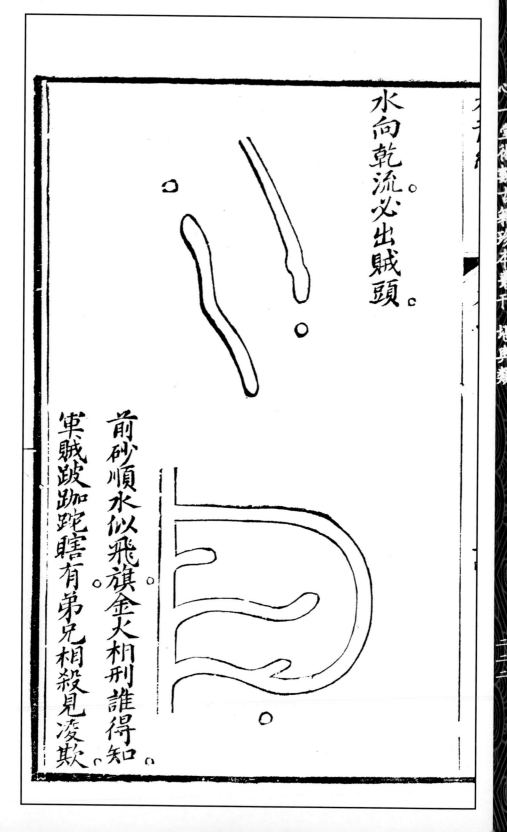

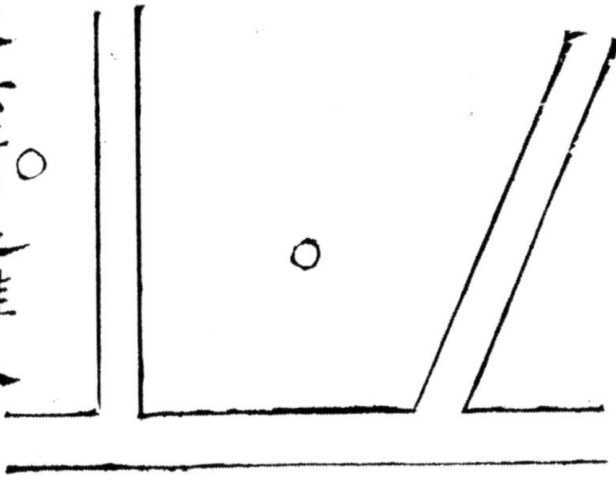

右邊反無情○逃離又
充軍○

朱雀反弓龍虎張○兒孫忤逆打爹娘○
自縊無端官事起○損兒損女賣田庄○

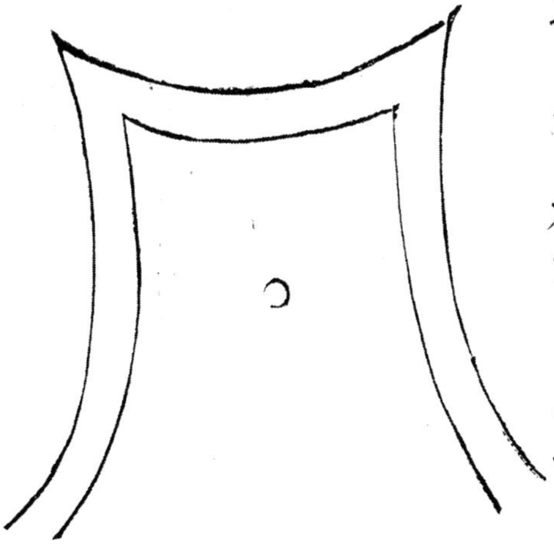

水城怕反弓○逃走主貧窮○

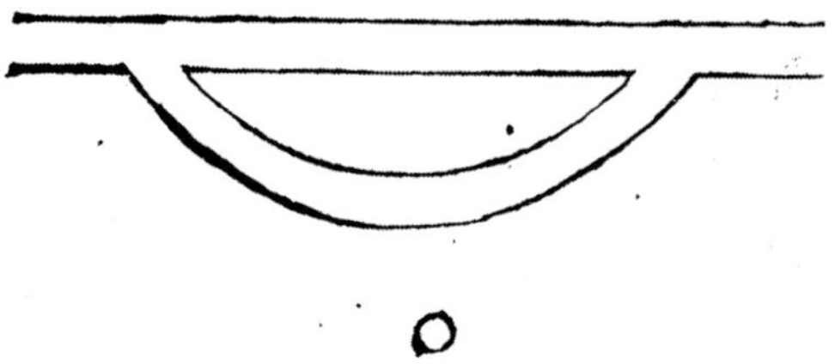

後水穿龍似反弓○出人忤逆各西東○若然遇此反弓水○退盡田園守困窮○

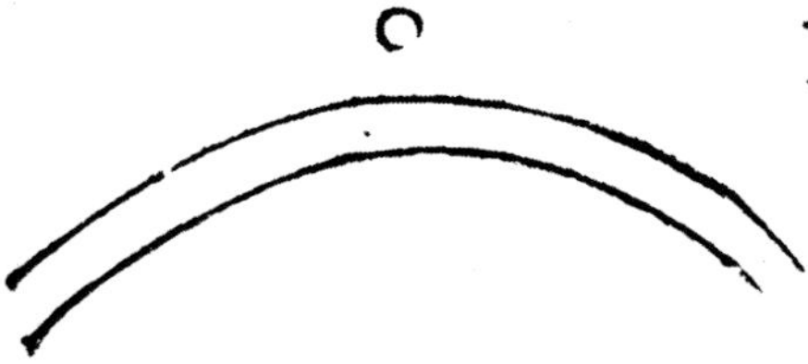

艮水反○不堪言○子孫依靠別人邊○

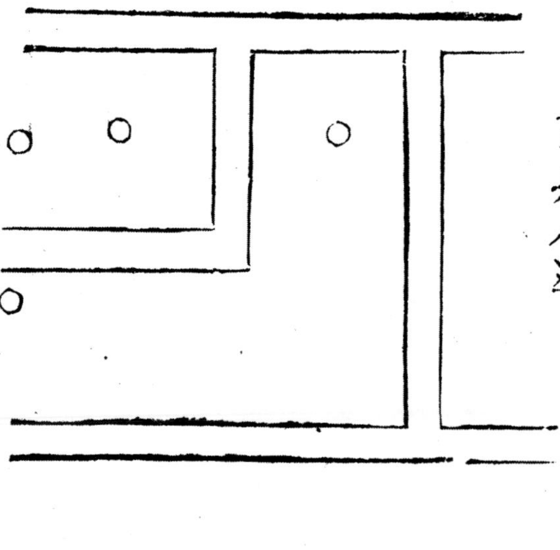

丁字水○殘疾郎○又兼女子廣招郎○

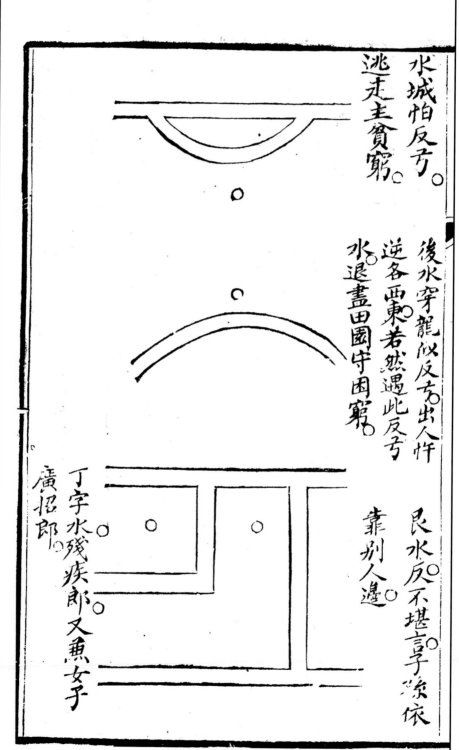

論異形

團團流水遶坎基。
子孫絕後主分離。

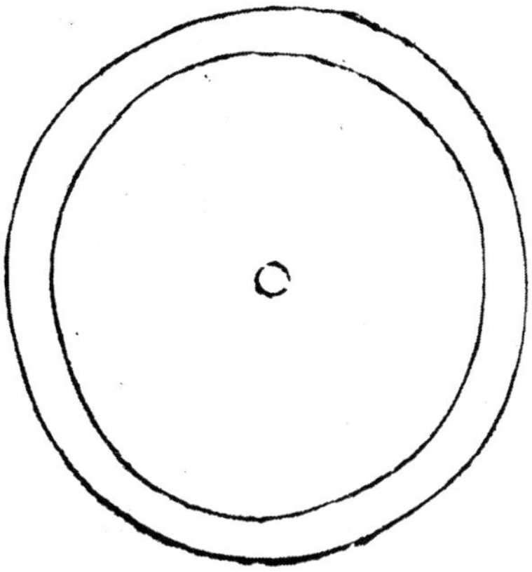

乾鎗向巽。配在雲南。坤鎗向艮。配在遼東。巽鎗向乾。配在陝西。艮鎗向坤。配在廣西。

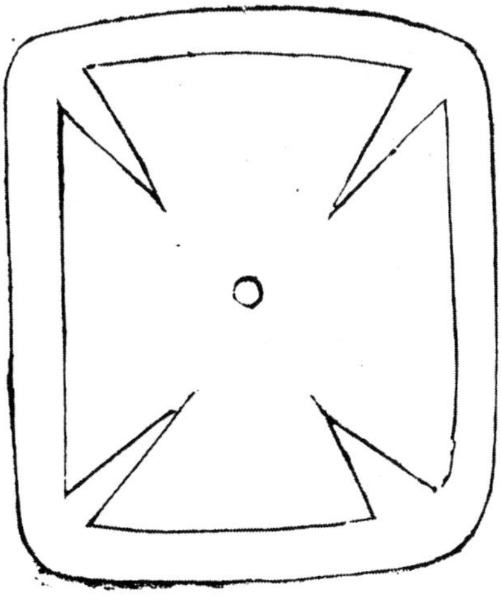

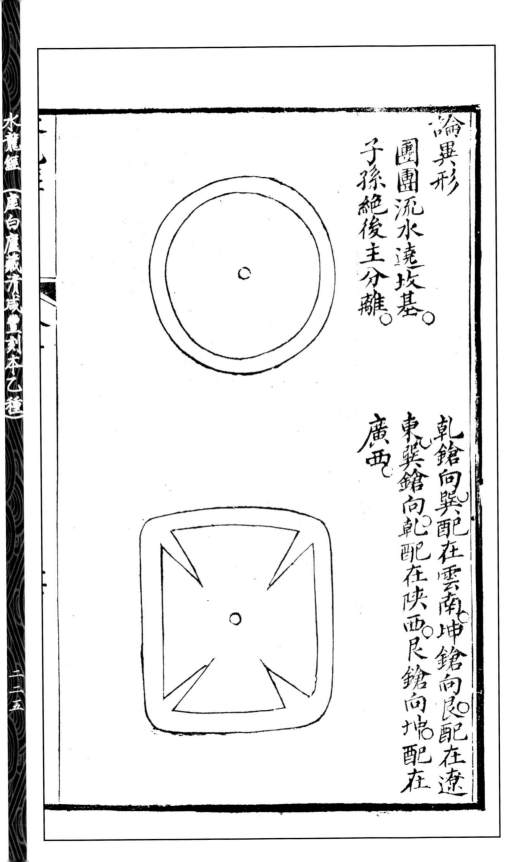

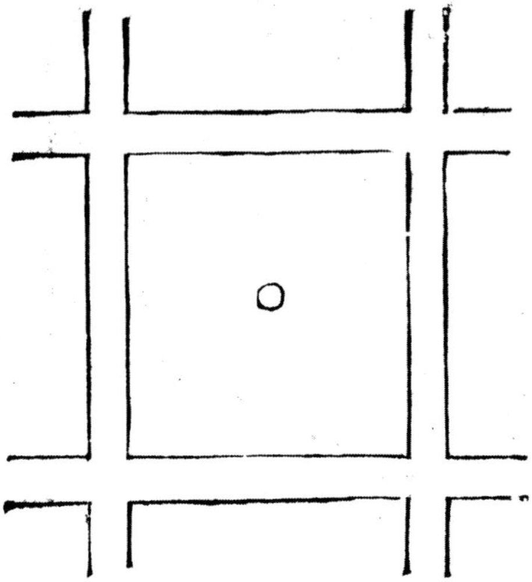

周凹之水遶坟林破敗損金銀。

又兼淫亂無家室。疾病少精神。

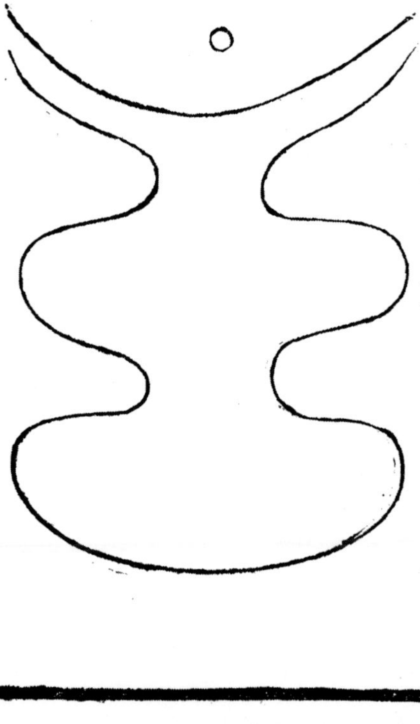

抄估龍體縱然富貴。

亦主充軍。

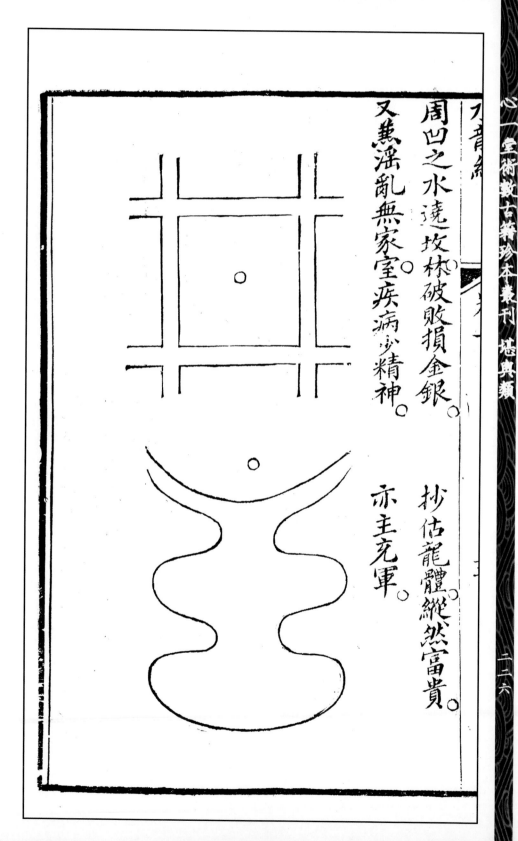

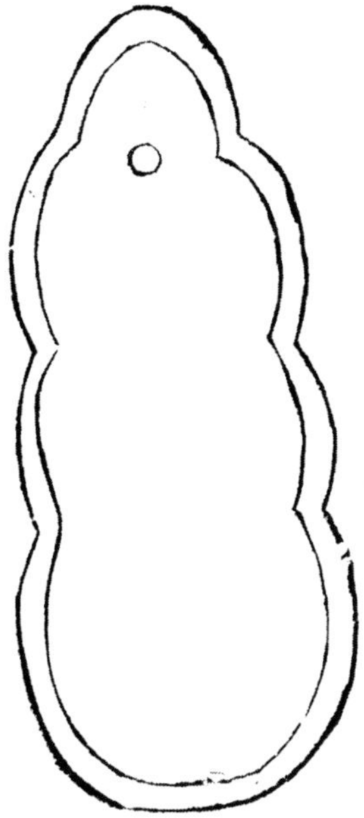

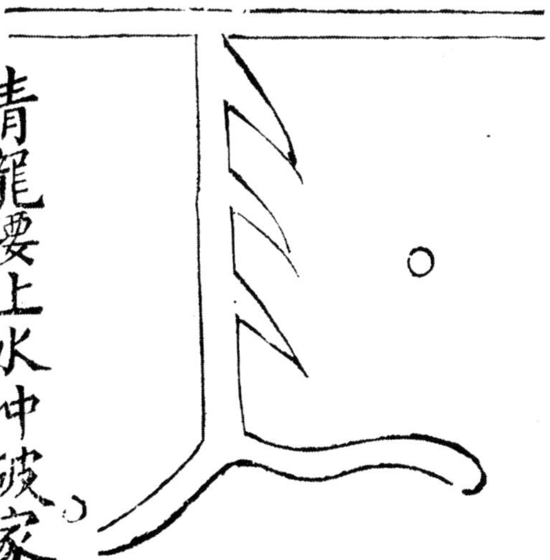

青龍腰上水冲破家
内常常有灾禍

水如捲舌。痓疾磨折。
說是搬非衆人挨絕。

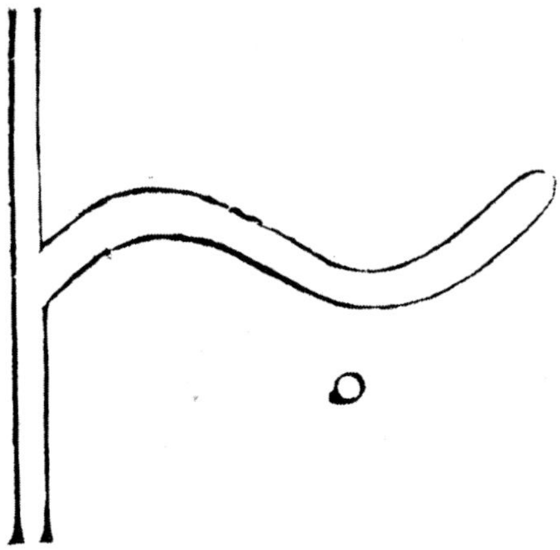

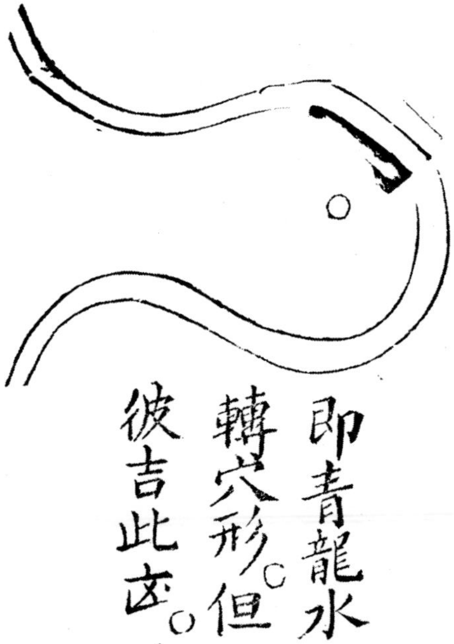

即青龍水
轉穴形。但
彼吉此凶。

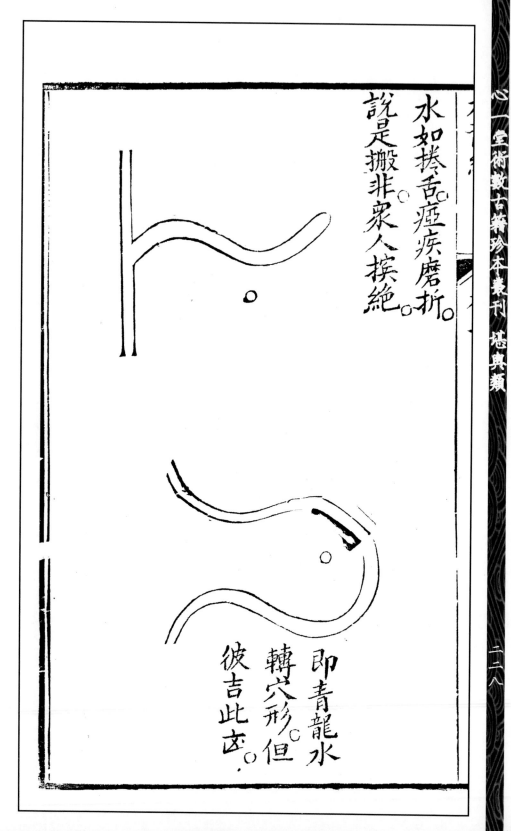

金城吉揖如龍速富貴家和好。

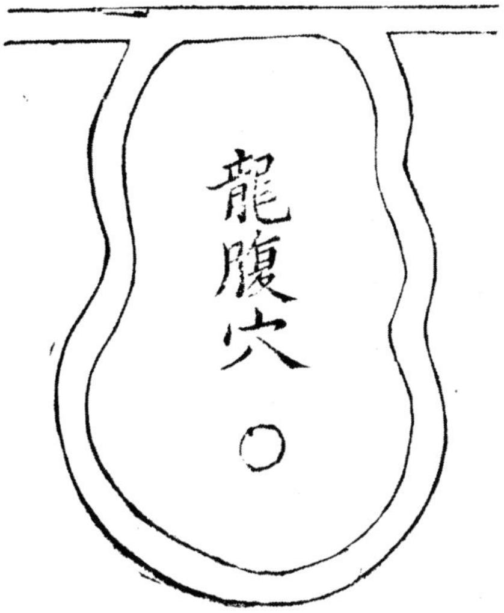

金城凶揖如蛇橫文子各分爭。

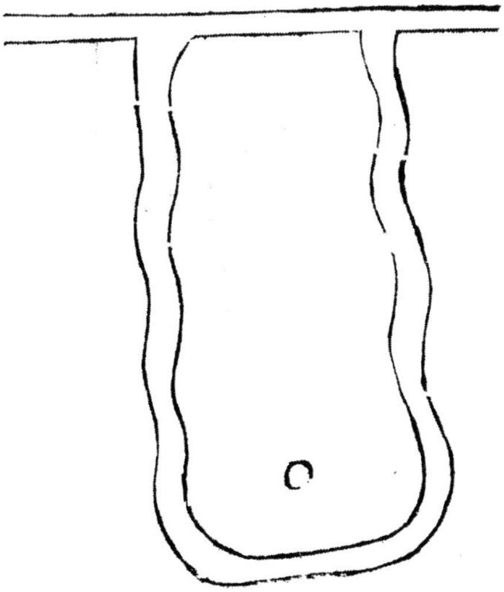

乾坤艮巽為四門。一風
吹入一家貧。

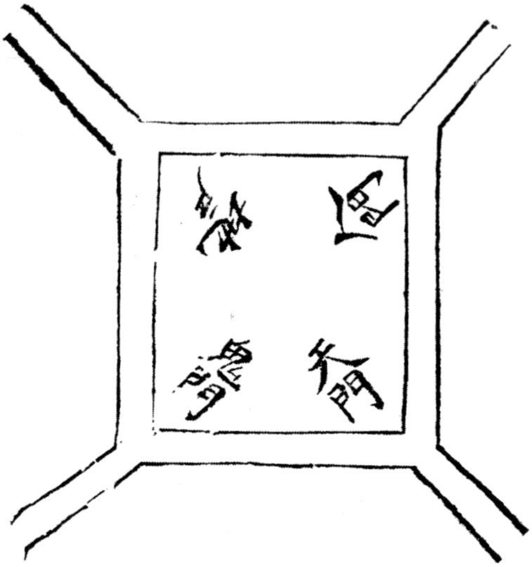

水路生之家業
波查。

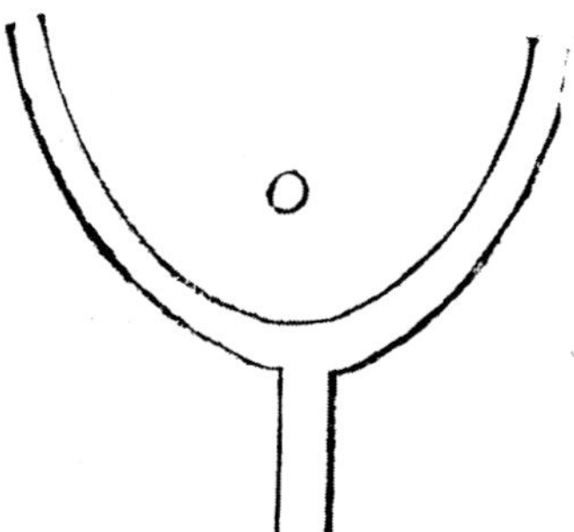

水中有地葫蘆形。毒藥主傷人。

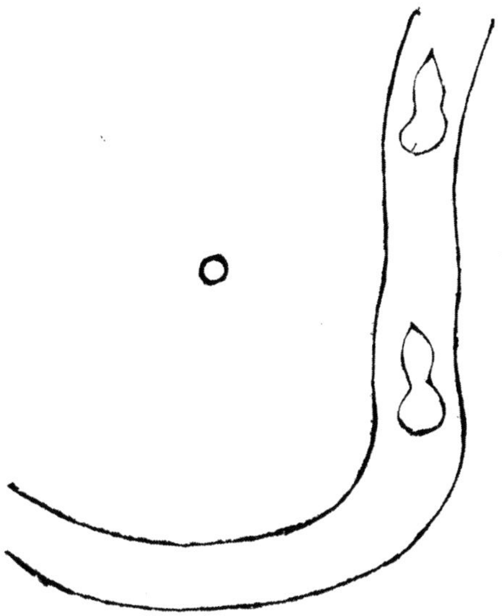

武官旗水交劍長流。

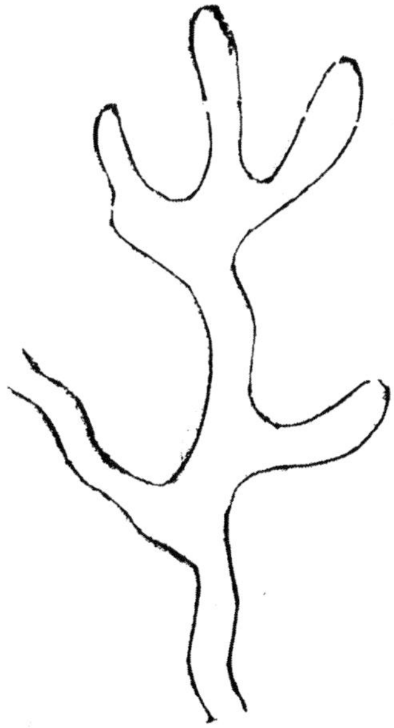

屈曲盤旋。富貴綿綿。

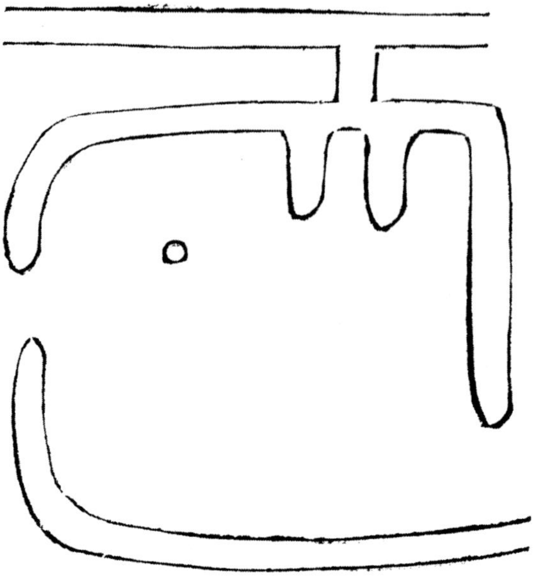

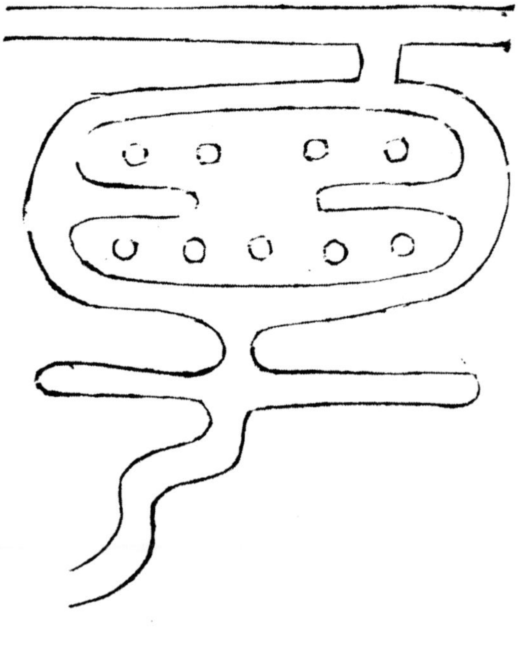

前迎後抱穴居中。兒孫黃甲位三公。

屈曲如弓。義門和順。
富貴聲名奕世隆盛。

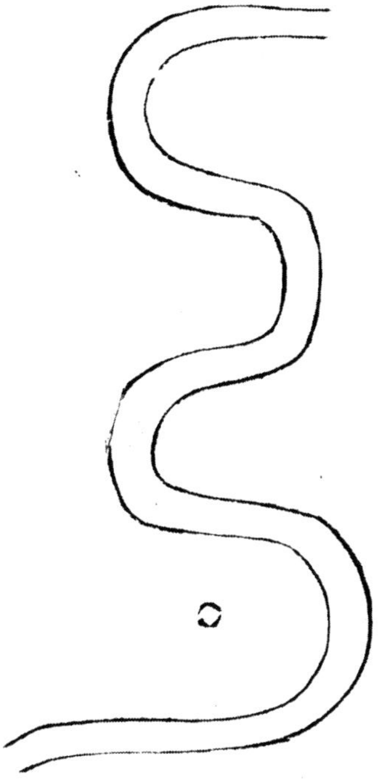

朱雀破頭。
事事憂愁。

火入金名帶劍城砂水兩相刑。
葬後兒孫終不顯。邊遠去充軍。

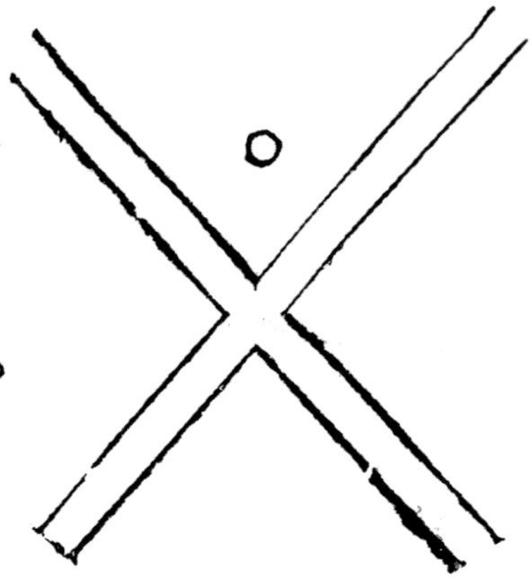

又云。先發財。後大凶。

屍鎗射穴。刑獄充軍。
逃亡橫死。絕嗣無人。

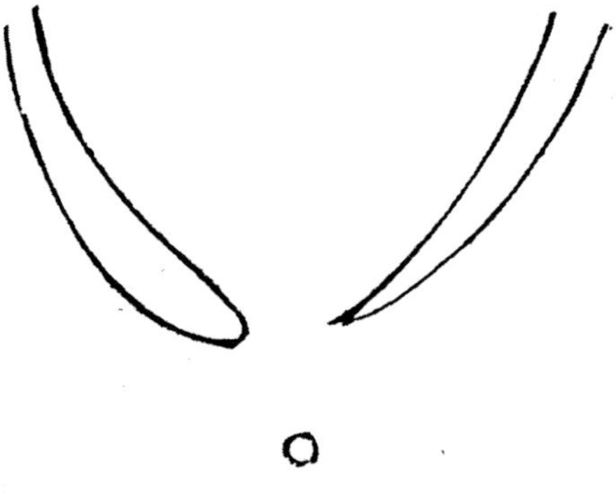

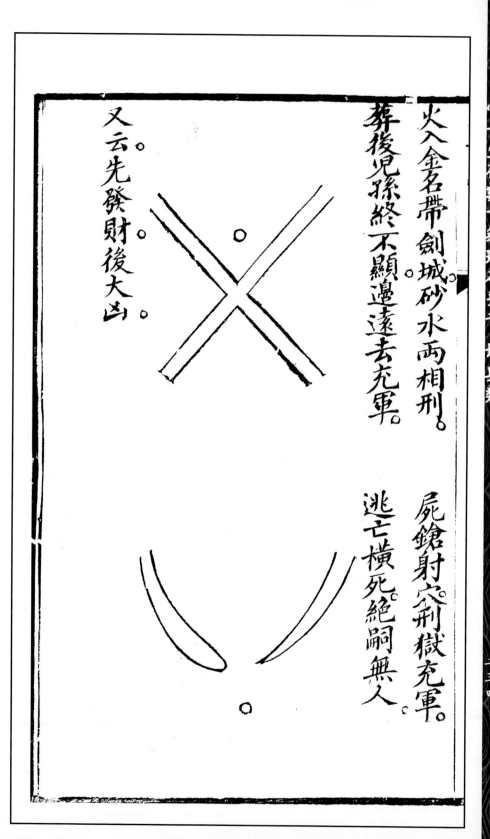

右邊若見丫叉水。
此地窮無比。

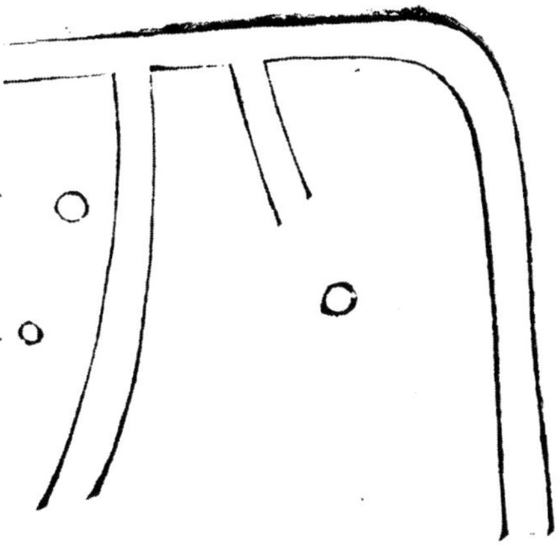

左邊若見水丫叉。
孤男寡婦出其家。

有一邊。無一邊。衣食
安然不久延。

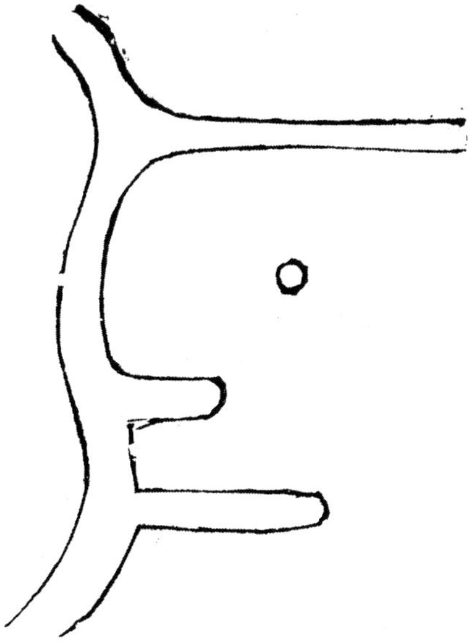

明堂若見三摺水，為官必定
到三公。正對前砂朝印案，弟
兄代代沐恩榮。

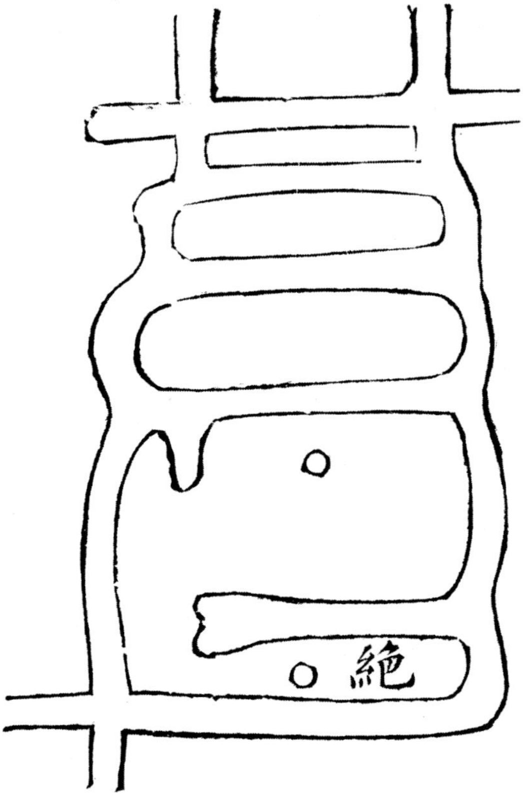

論象形

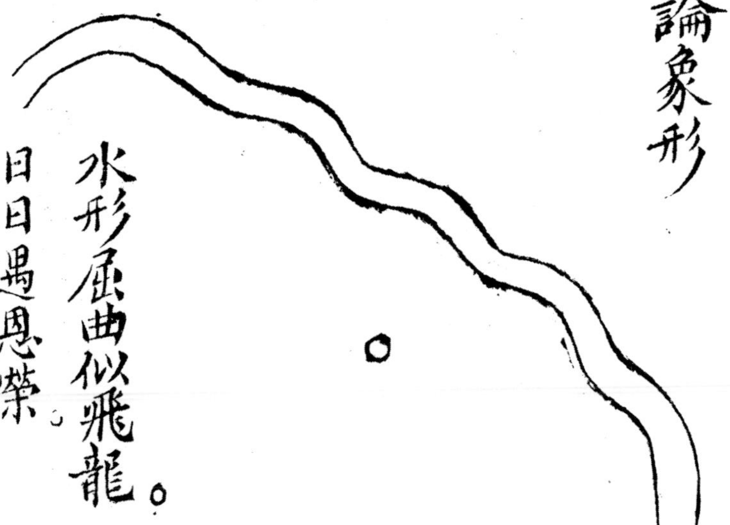

水形屈曲似飛龍。
日日遇恩榮。

来勢曲如龍。富貴永無窮。

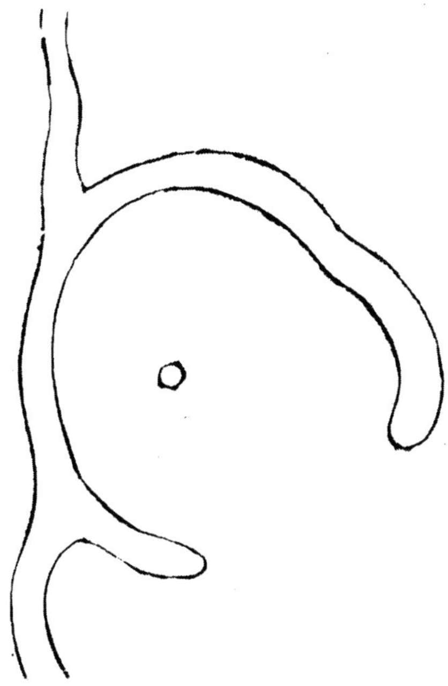

曲水如龍至金鈎。元又元。有人扞此地。及第必爭先。

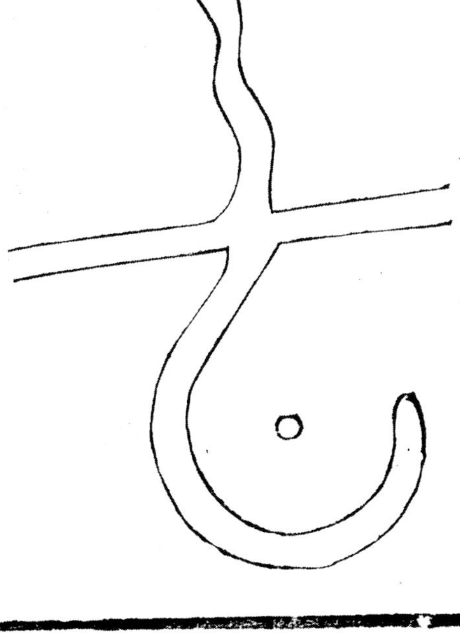

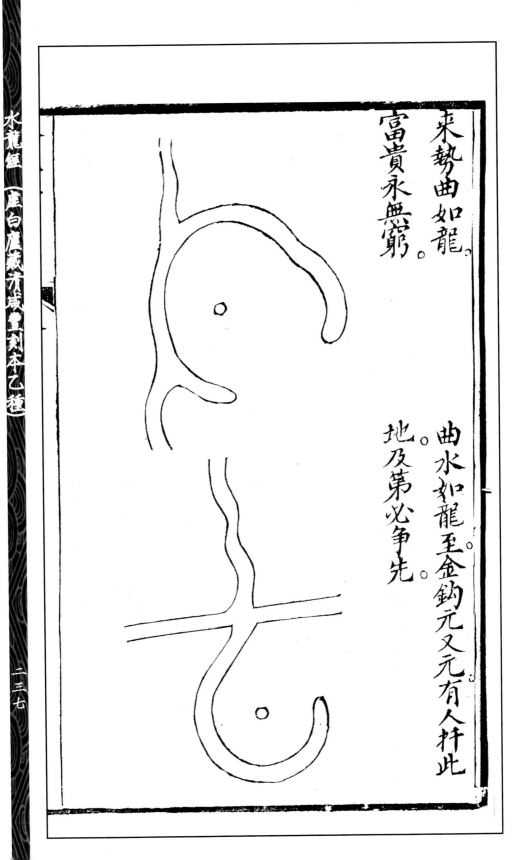

飛龍之水腹中求。子孫去拜鳳池頭。

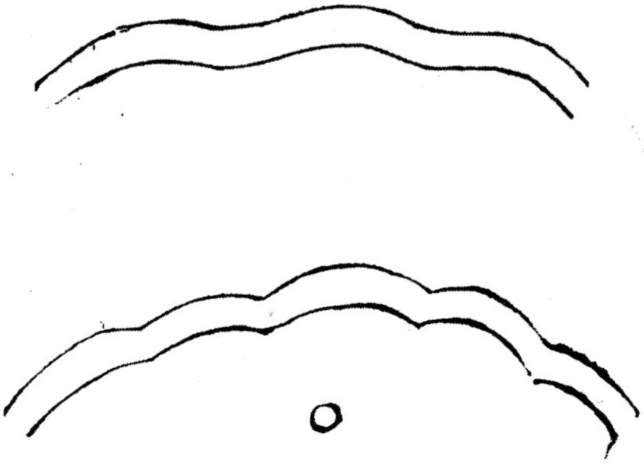

屈曲如龍首尾朝迎。腹中作穴封拜功名。

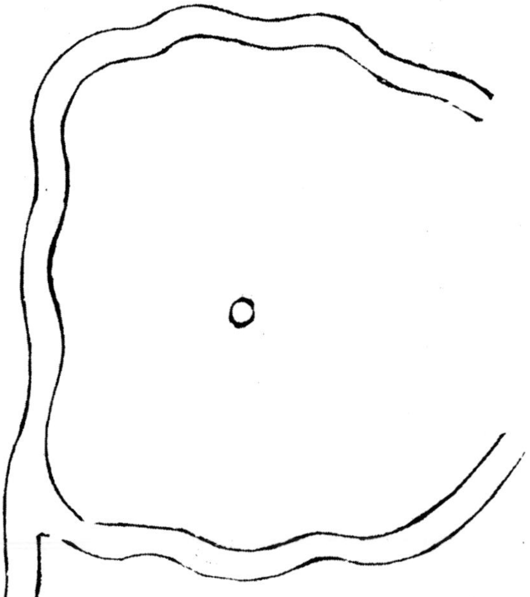

仝上

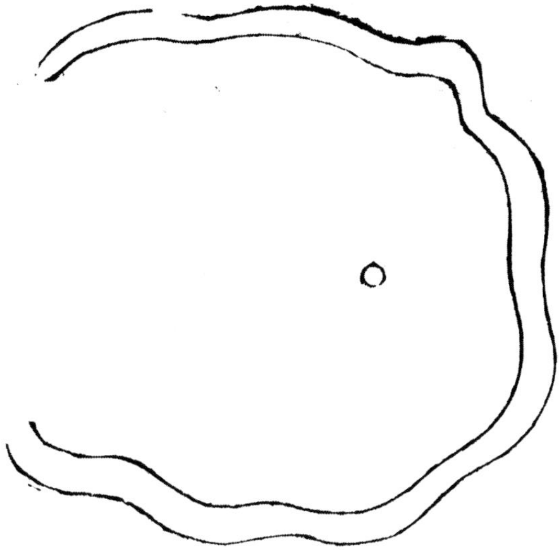

金蛇勢難識。下後大官出

又名笑天龍

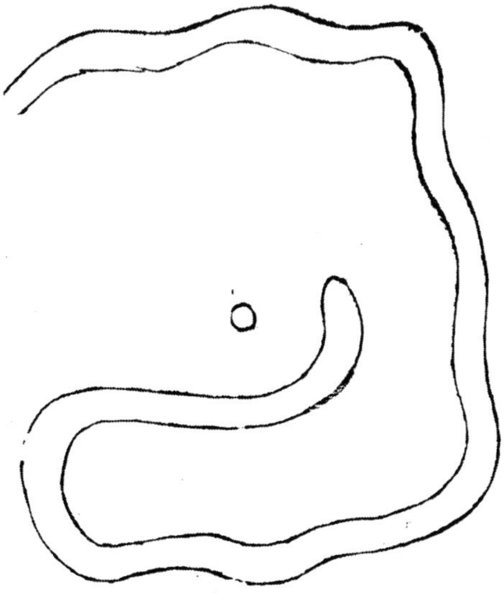

飛龍之水最難逢。逢之必定出三公。

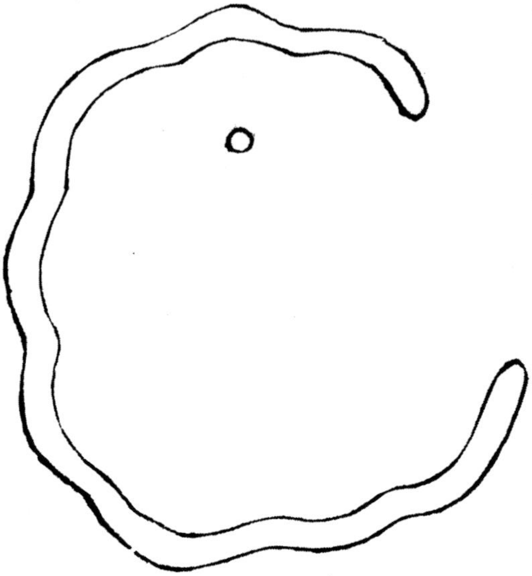

舞鳳之水。后妃尊貴。男作三公。少年及第。

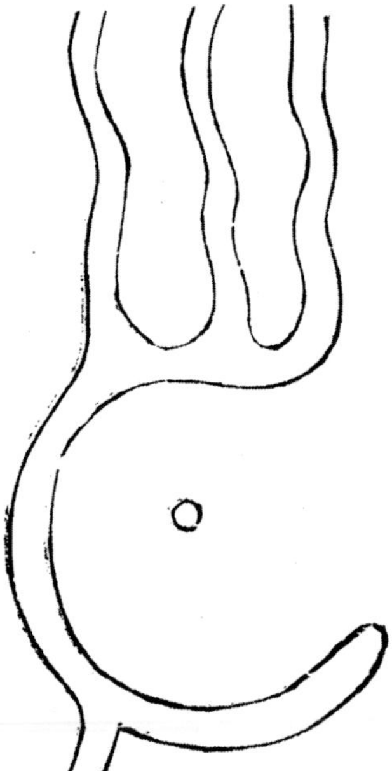

二龍相會號雌雄。富貴出三公。

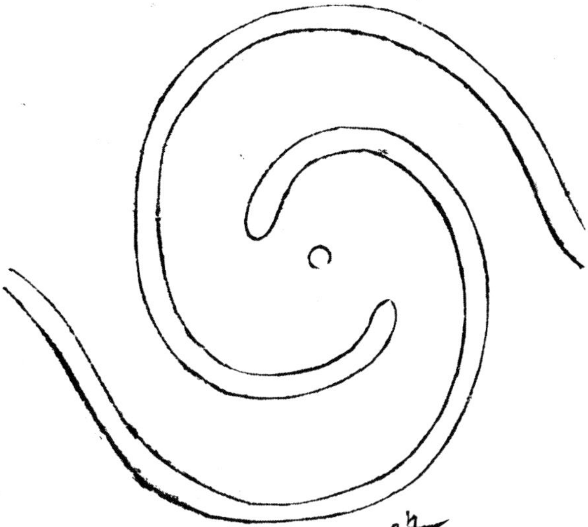

水朝曲去又纏身。家內出豪英。更有路朝生旺地。官顯左朝廷。

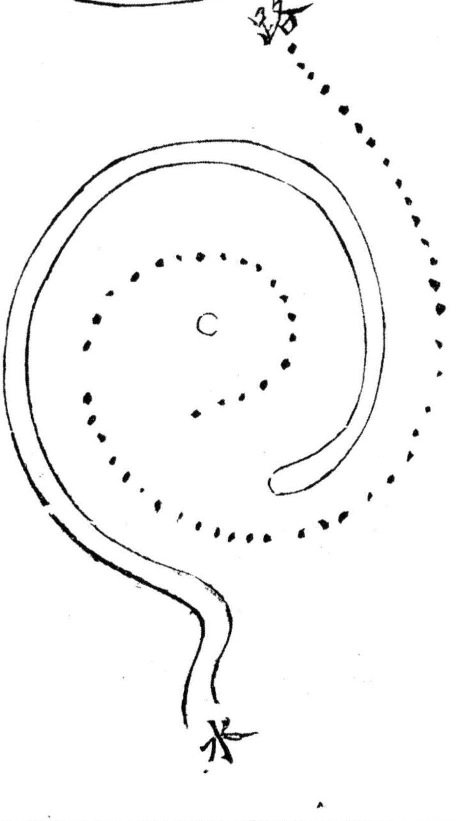

逆龍二水後交臨。砂水分明是合襟。寬抱灣環如玉帶。
綿綿富貴作公卿。

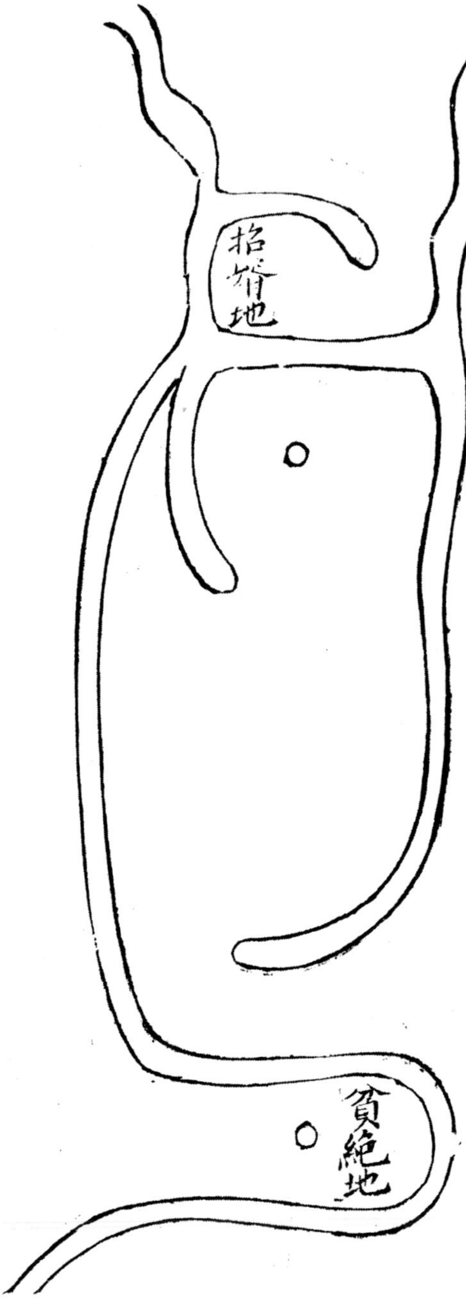

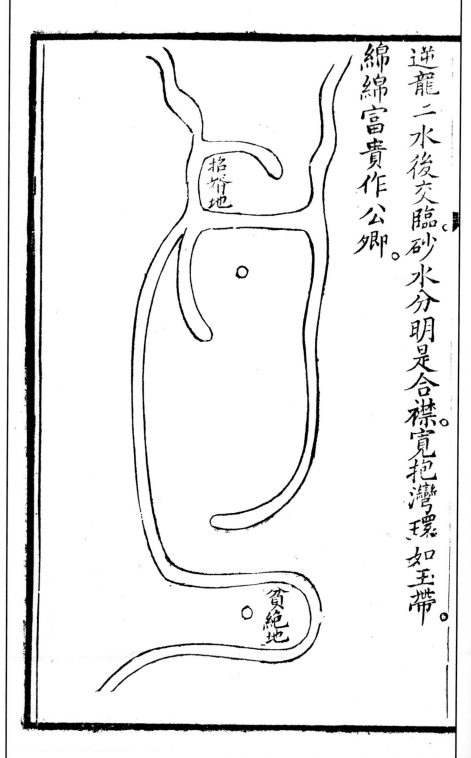

一重路抱一重城。金水重重案面門。若得穴中再包裹。代代英華達帝京。

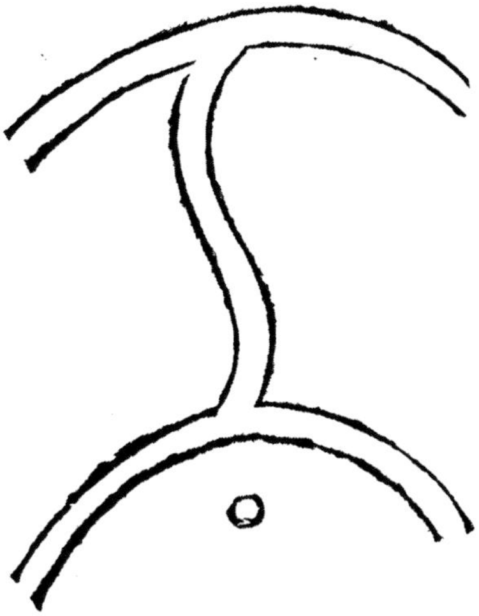

蟠龍之水前後兜。虛田千萬富無休。面前若得三龍水。兒孫代代爵公侯。

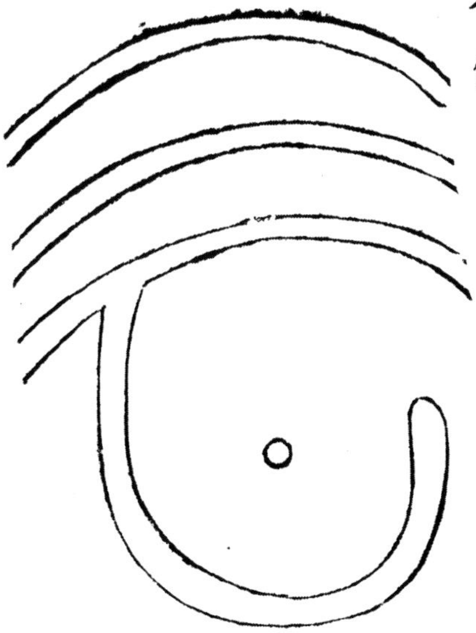

蟠龍之水後頭嚮。代代作公侯。

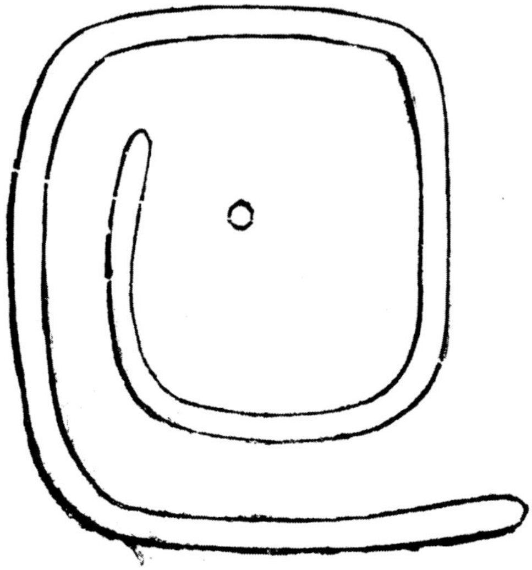

左轉金勾形。富貴旺人丁。

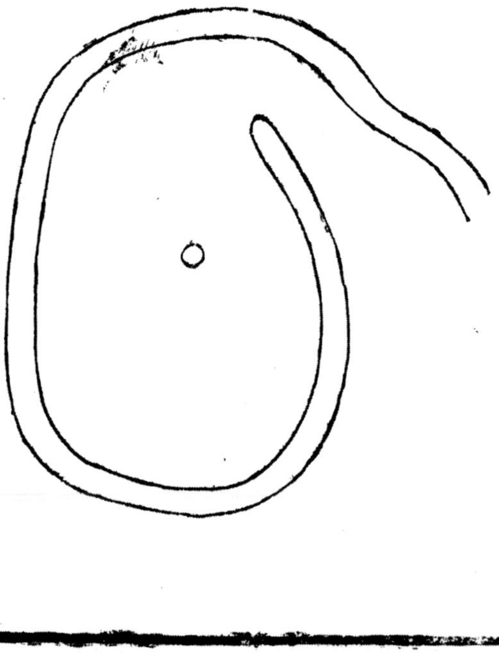

右轉金勾形。富貴有聲名。

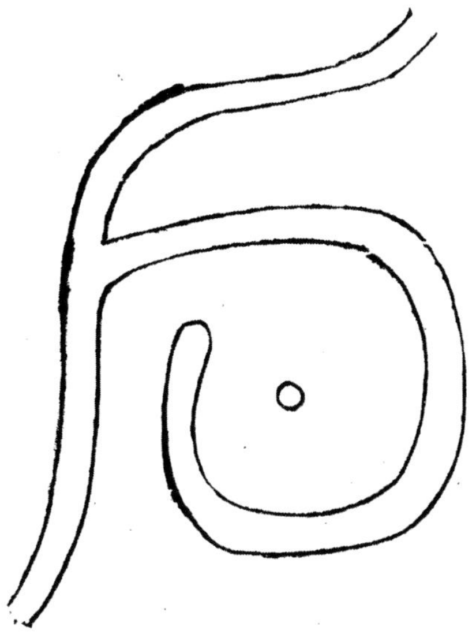

水似玉勾。官爲知州。

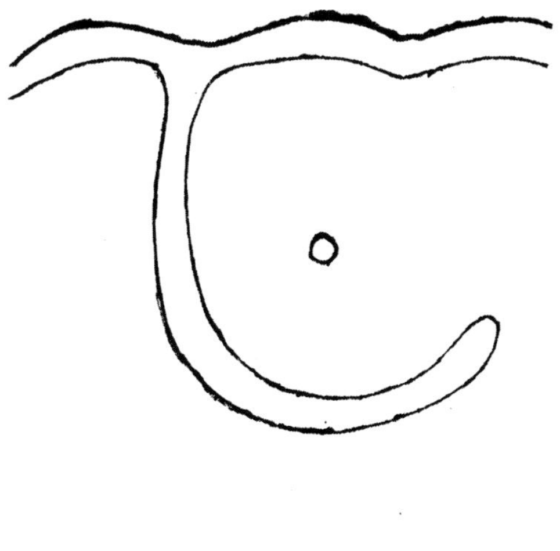

瓜藤之水。節節有情。若能扦此。富貴聲名。

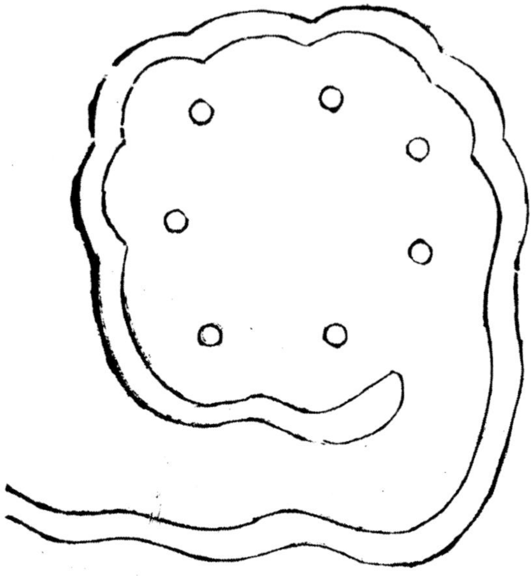

左轉金勾。貴而無敵。

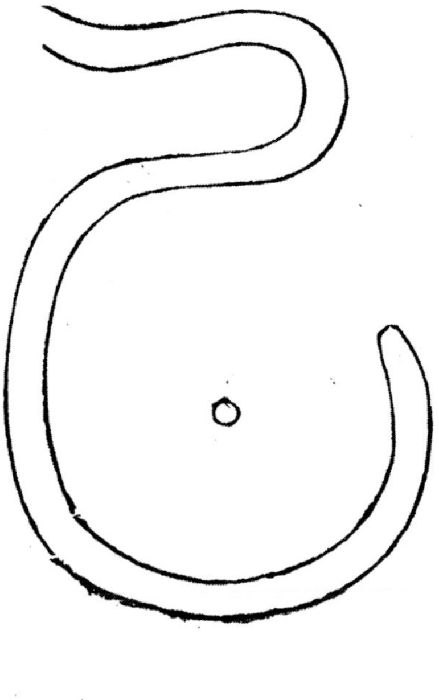

金勾左轉足金銀。案應三台出貴人。

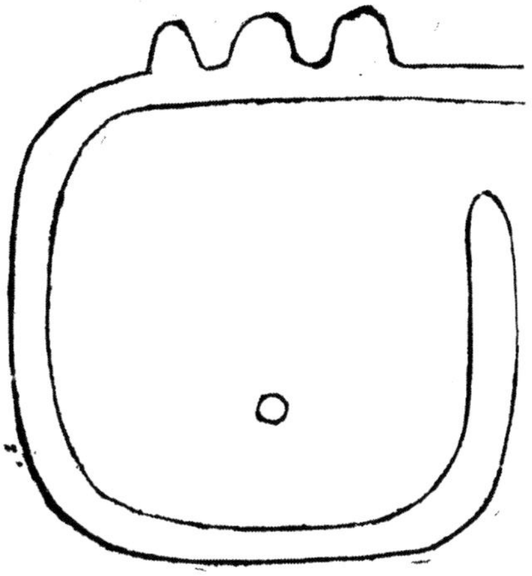

活龍来勢作三台。秀水前朝對面来。若見有人扦此地。爲官代代作爲臺。

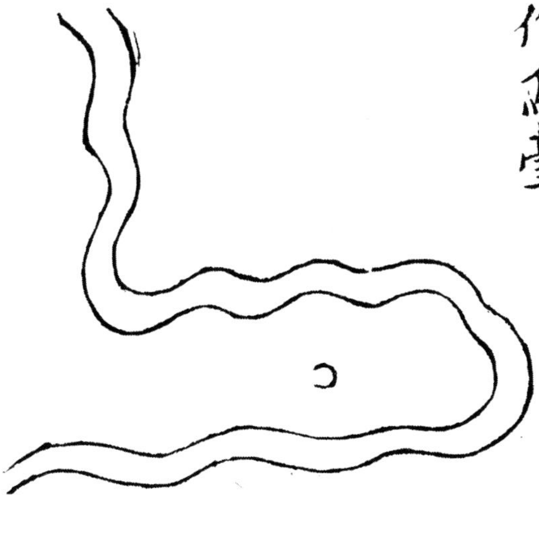

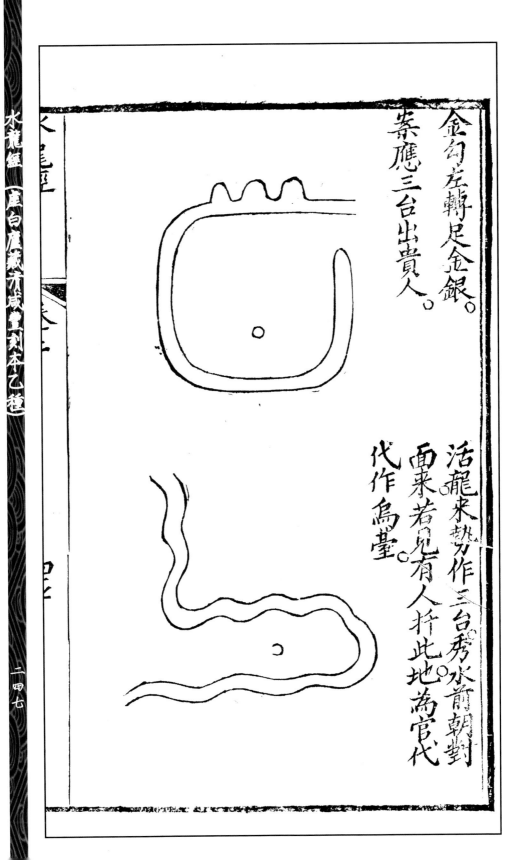

乙字水映身家出。大朝臣。

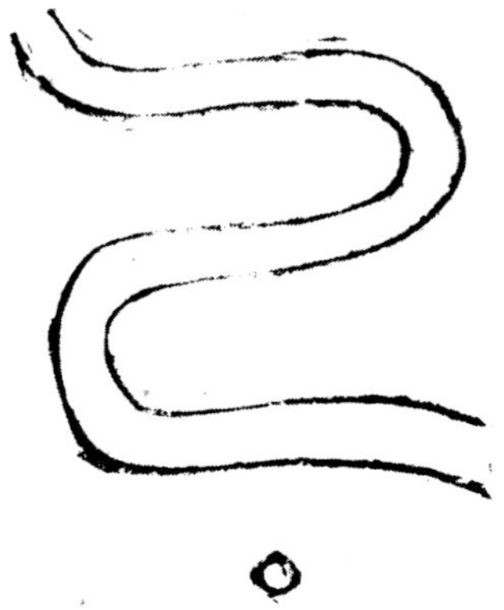

仝

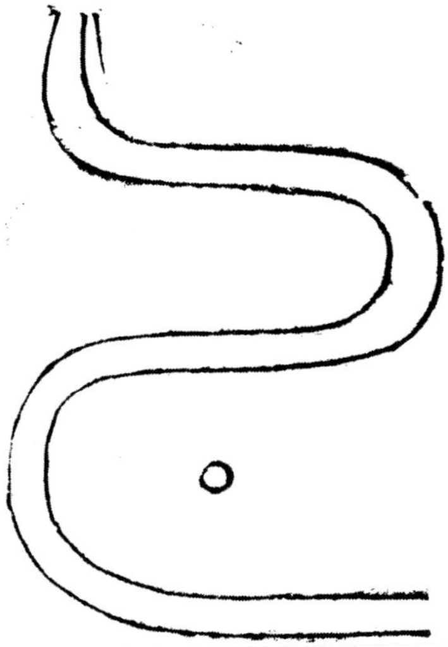

之字合襟之字流。知州知府出無休。

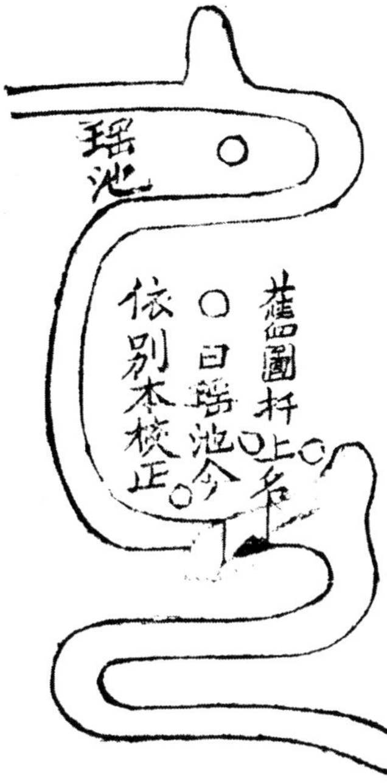

十字水來境。兒孫手藝人。雖然溫飽有成敗。定出娼優賤且淫。

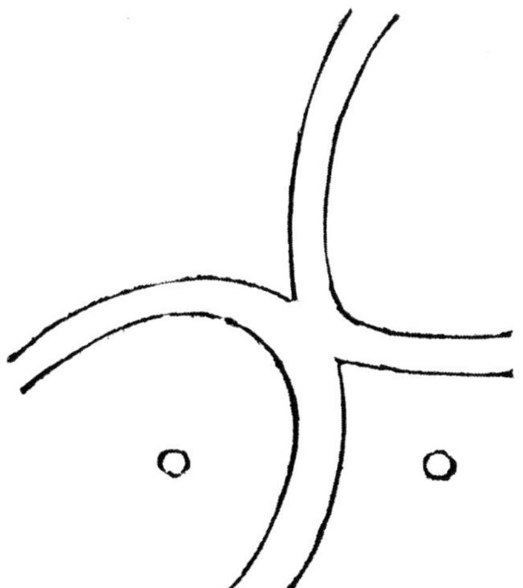

十字水流後與前。廿字井字總一般。此為市井人多住。若是一家不可安

此穴分明結作真。只恐時人不識荊。若遇明師點真穴。富貴雙全四海名。

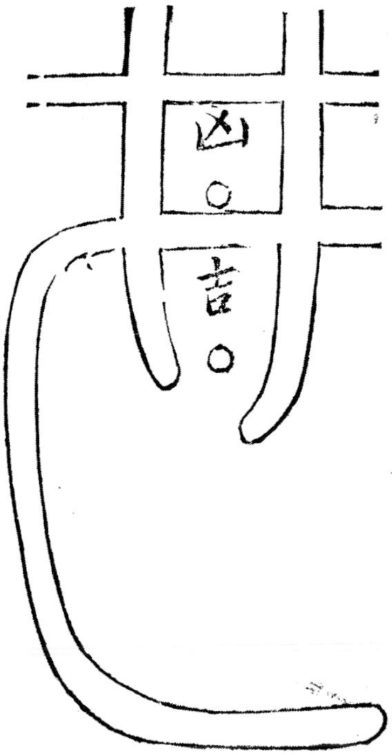

三十年前走道途。不曾下得
御天湖。若也有人扦此地。兒
孫衣紫達皇都。

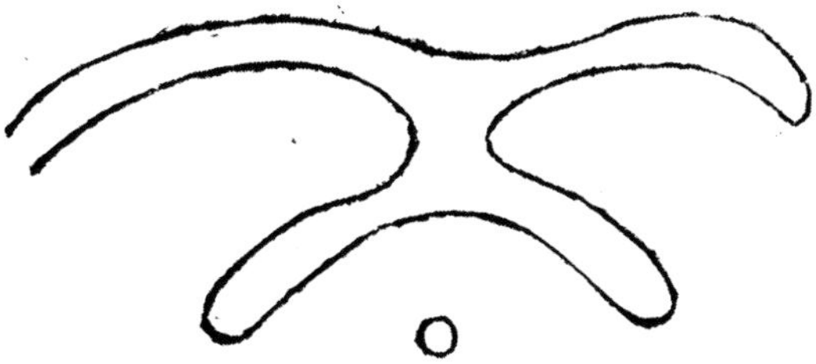

同上

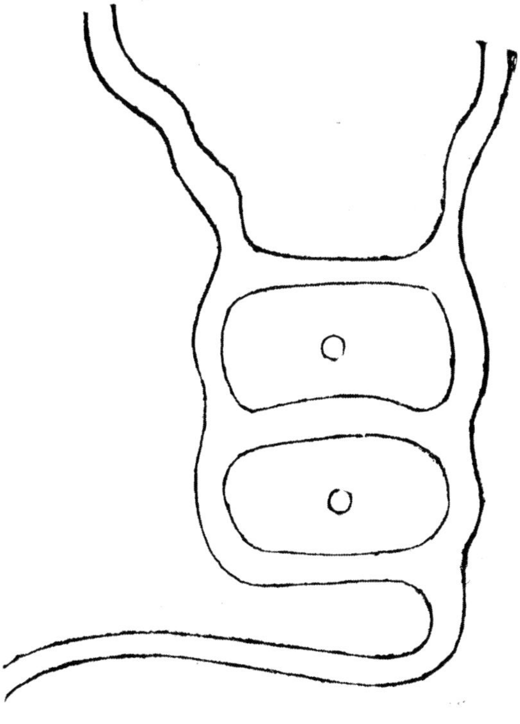

仙人伸足形。定出及第人。

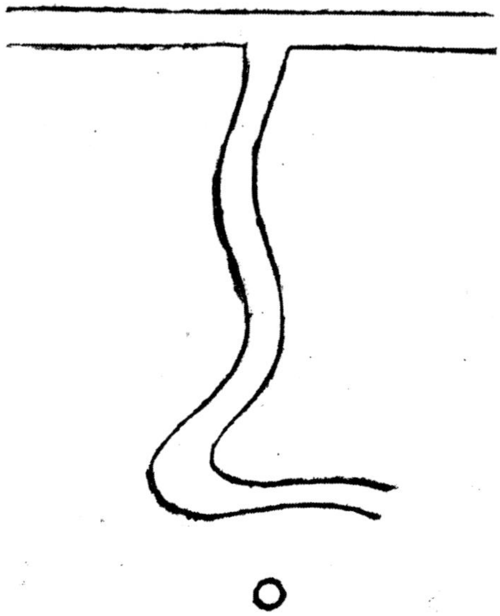

水形如曲尺。匠作少衣食。

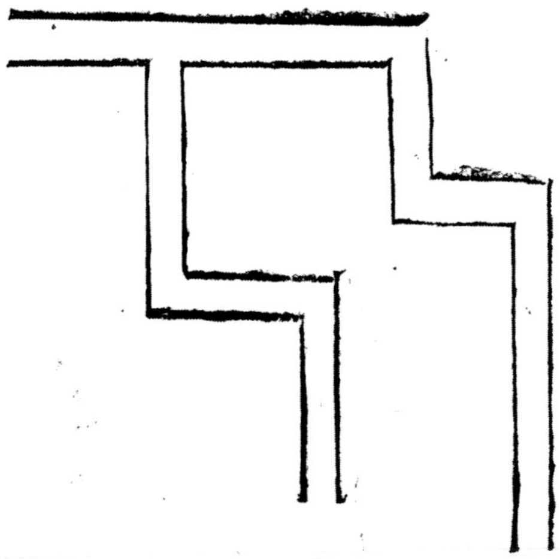

雙龍格

左右雙龍入穴来。兄弟高名達帝臺。

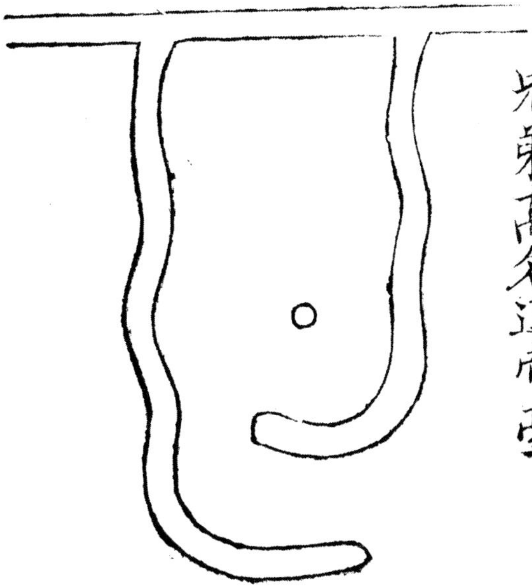

雌雄並出水同流。去了又回頭。兄弟一門皆及第。代代位公侯。

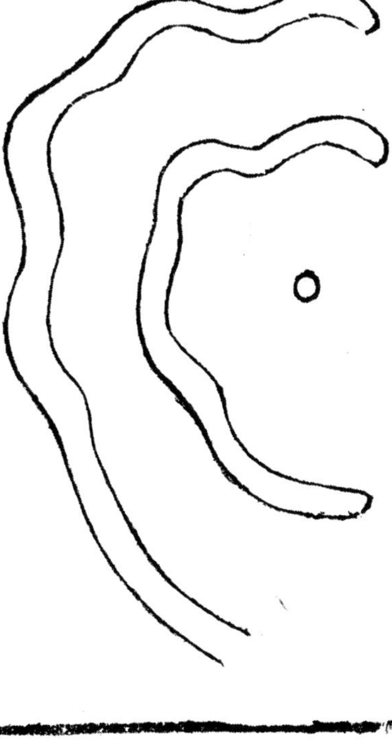

二水會龍須出貴。兒孫
定折月中枝。

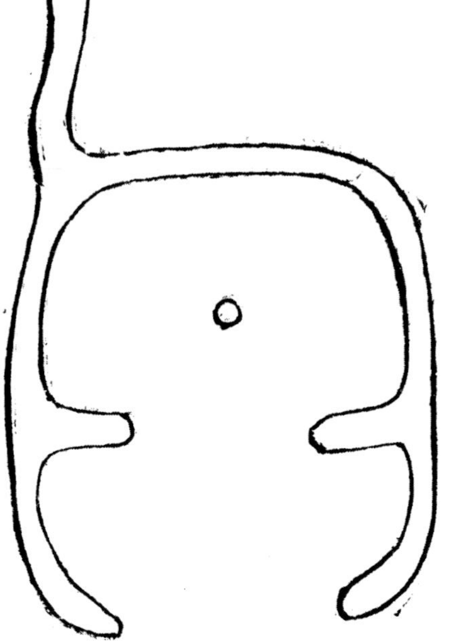

葬龍腹。案龍腸。主宿加臨貴復昌。
葬龍尾。案龍足。歌舞燈前主巫祝。

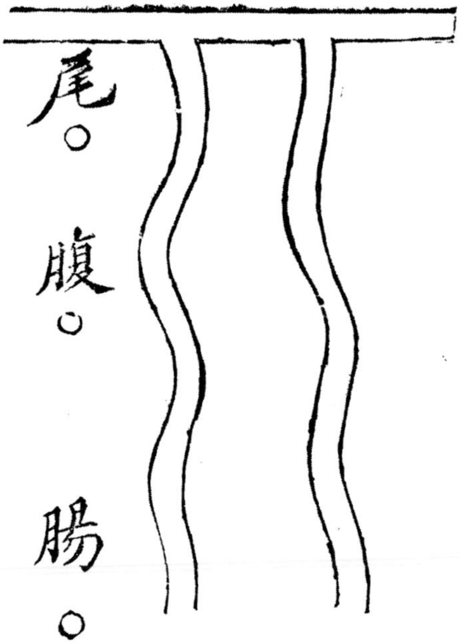

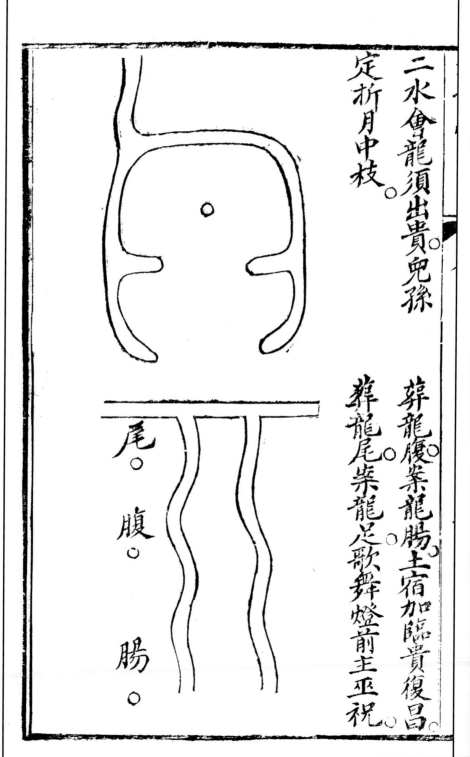

雌雄相喜。天地交通。
陰陽得位。定出三公。

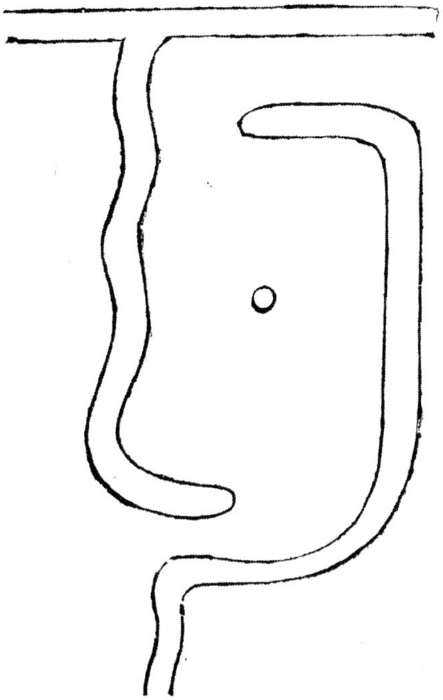

雌雄交度。穴聚天心。
安邦定國。四海知名。

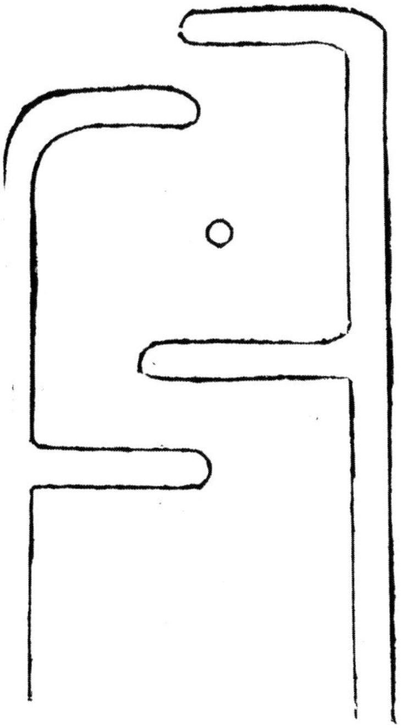

砂水纏流荷葉地。却如架上金盤形。
若然點作幞頭穴。富貴兒孫朝內人。

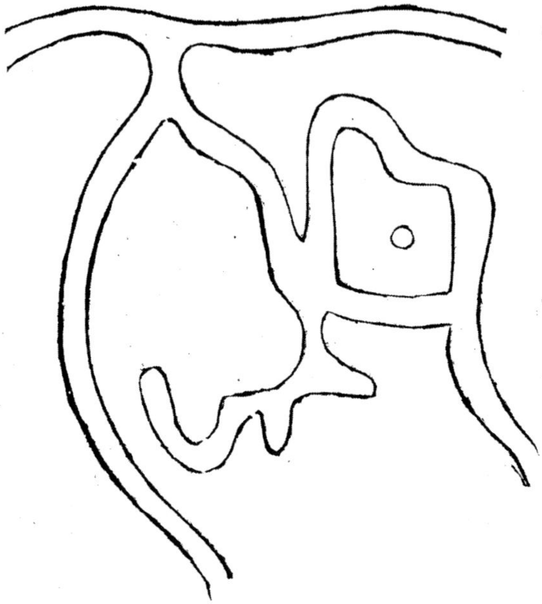

此水名鷺鷥膝。子孫
定忤逆。財物化為
塵。人帶手足疾。

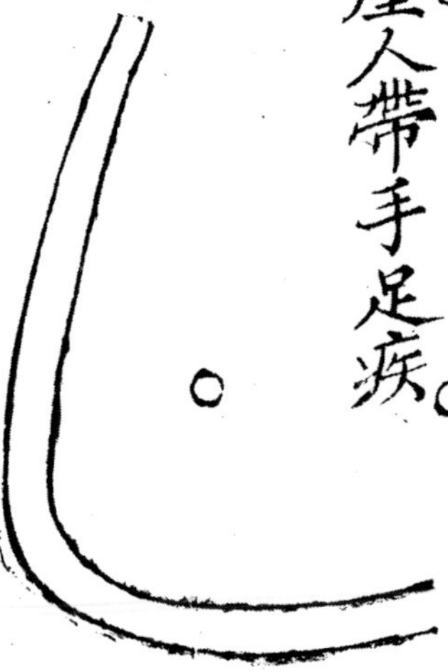

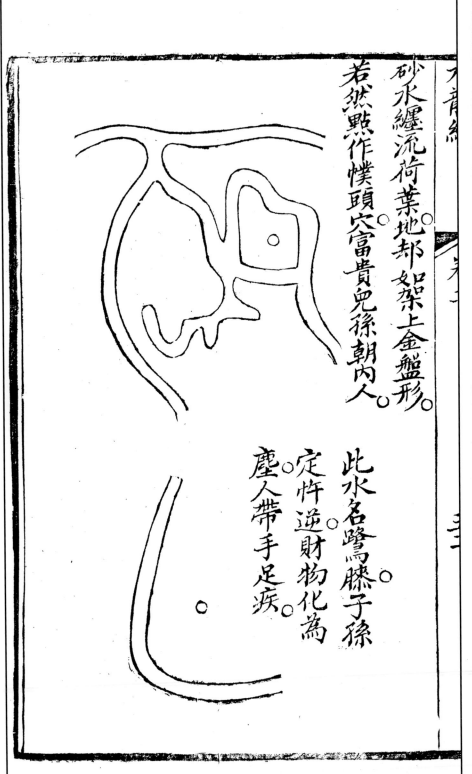

幞頭地。執笏水。子孫
及第作翰史。

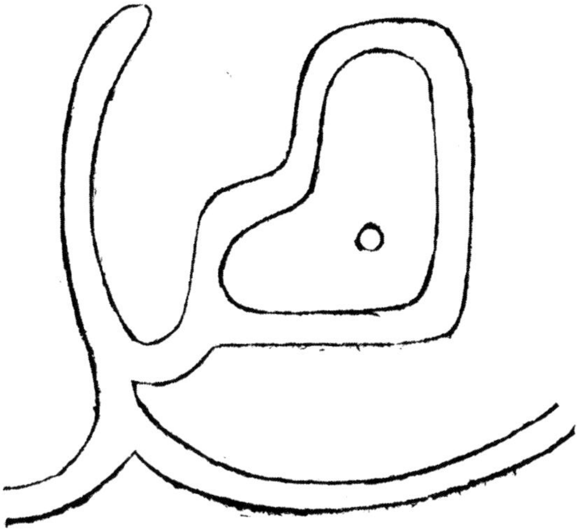

右水似筆頭。小子貴無休。
左水似笏圭。長房中元魁。

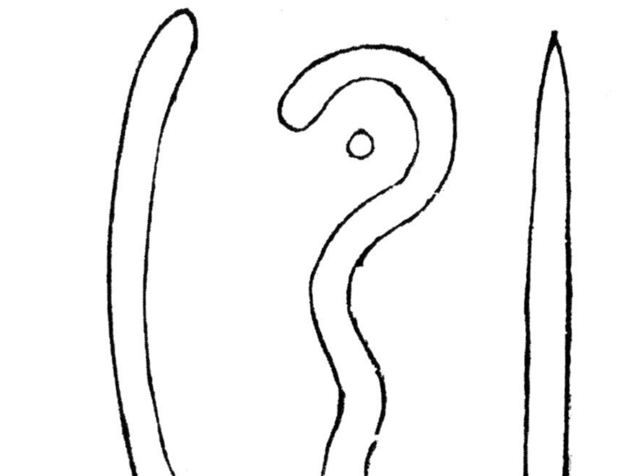

右水如笏。其官兀兀。

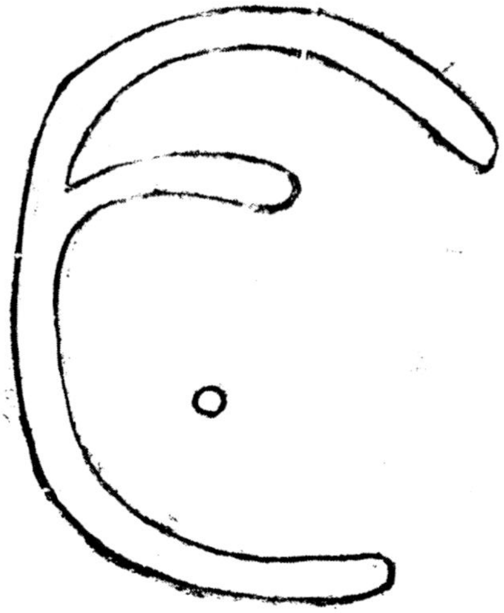

左水似筆頭。家主進田牛。

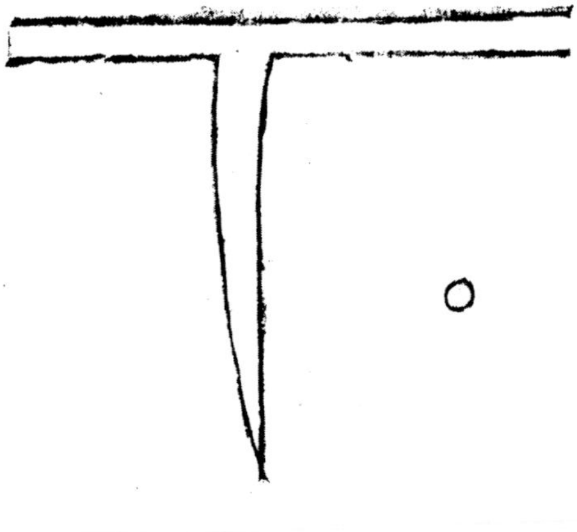

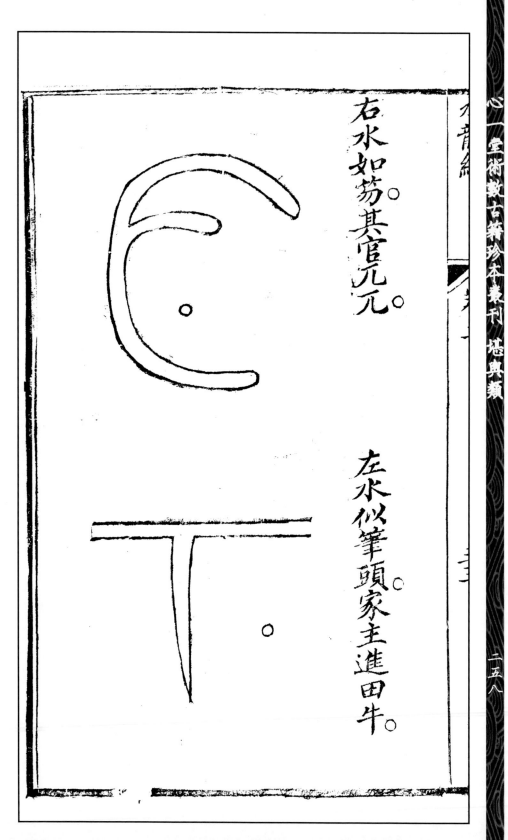

三水合門前。家富出名賢。

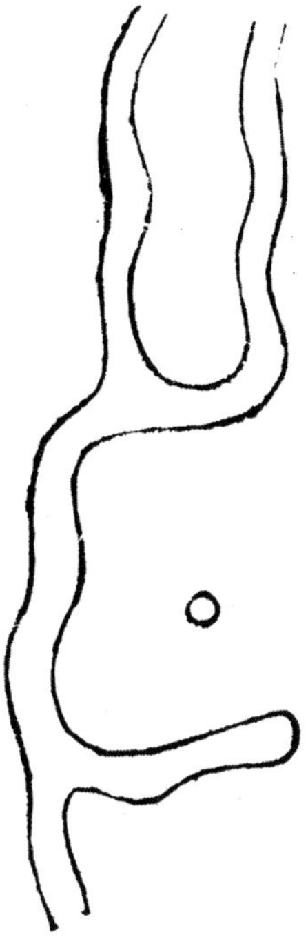

二龍相會應門前。子嗣去朝天。

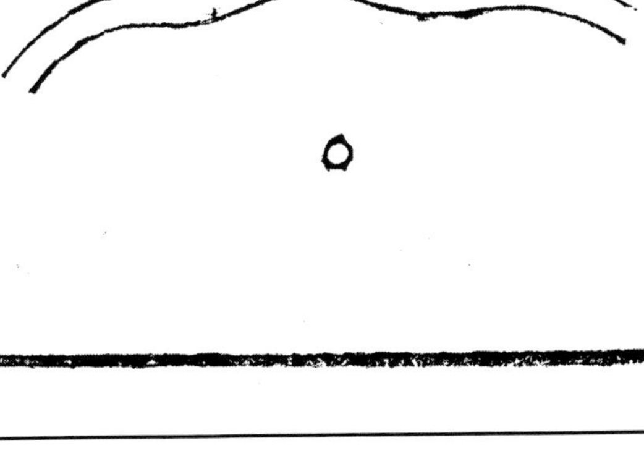

右邊二水抱家內足金寶。

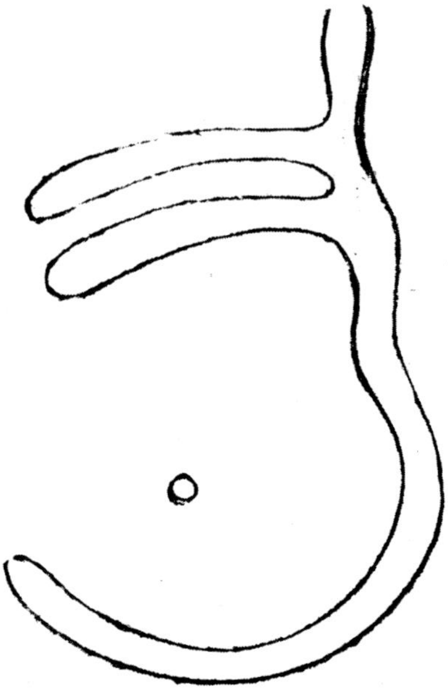

二水後頭兜。代代入皇州。

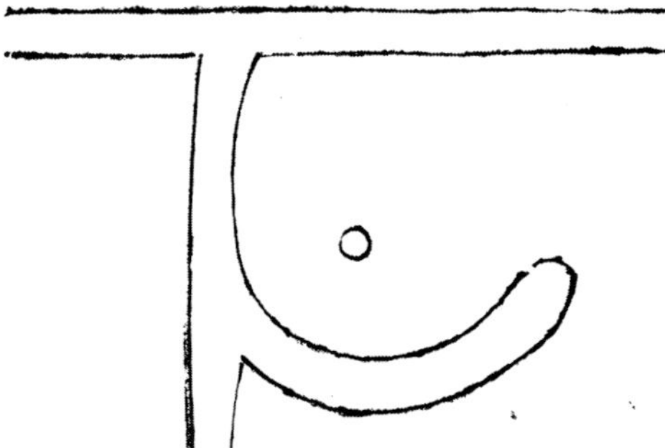

二龍水後兜富貴永無休。

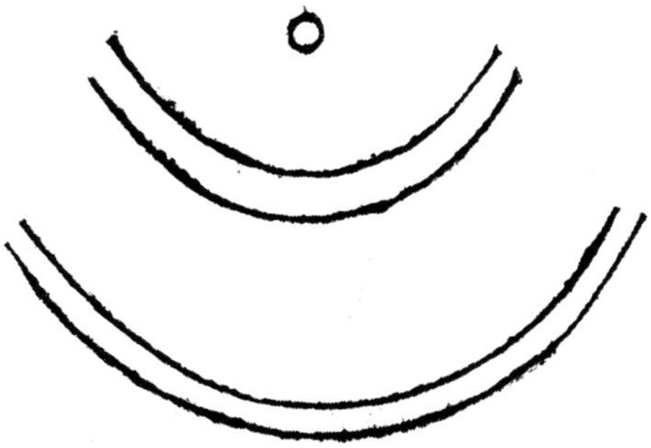

二龍相會後頭兜。墳宅扦之永不憂。

男女不耕金鼓富。兒孫早到鳳池頭。

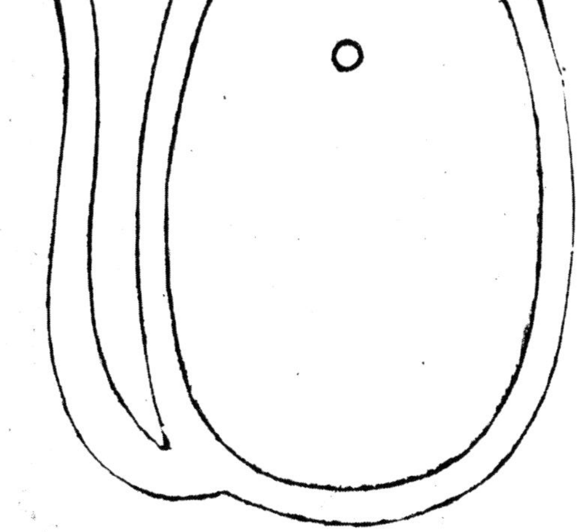

三水圍龍勢。葬出公卿士。

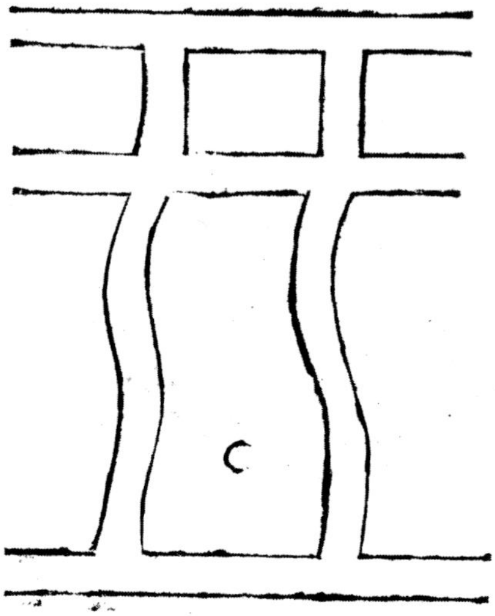

迤迤四水入朝堂。直冲直射不相當。
若還屈曲水回頭。貴上金堦粟萬倉。

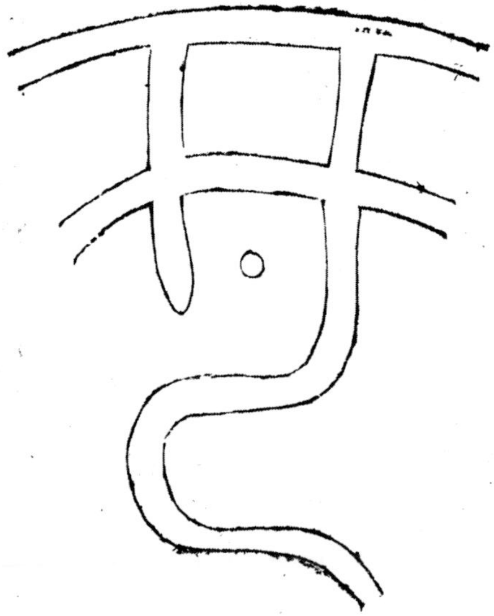

其地一坪二三十畝。乃吉地。小不宜。

二水右邊出。
忤逆人多疾。

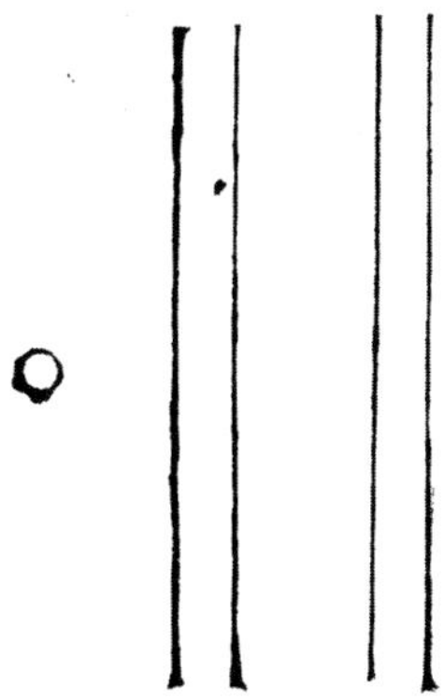

仝上

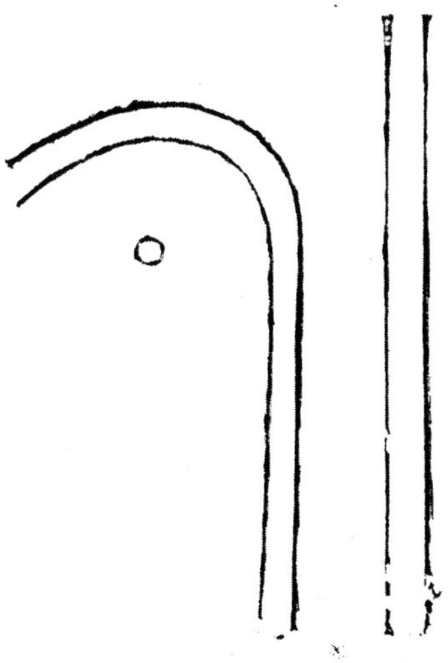

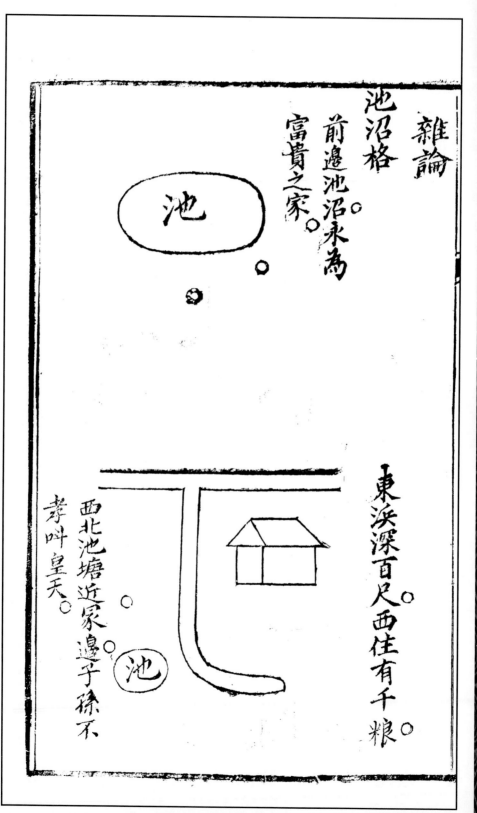

雜論

池沼格

前邊池沼永為富貴之家○

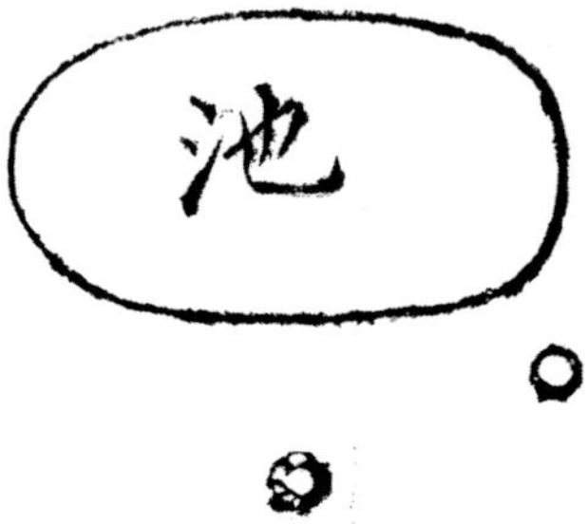

東浜深百尺○西住有千粮○

西北池塘近家邊○子孫不孝叫皇天○

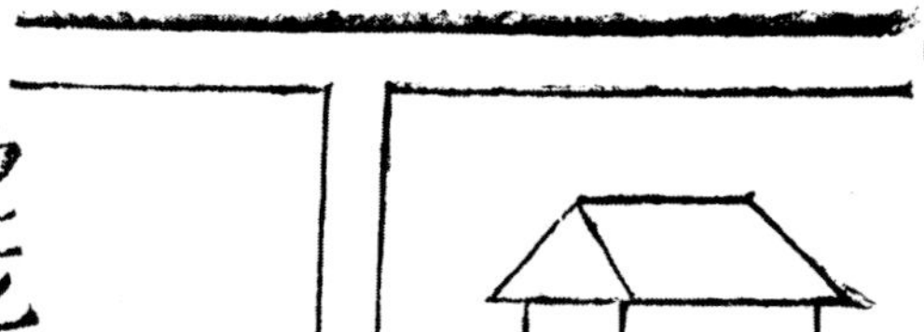

宅後有塘。亦是人財之地。

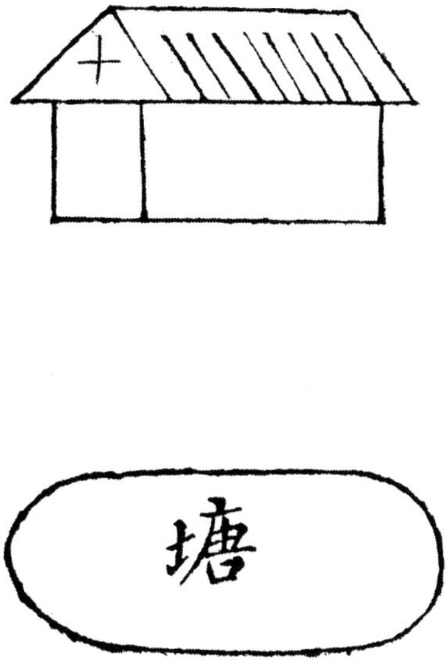

右邊池水應門前。抱穴富庄田。

墳後有井患心疼。雙目損兒孫。

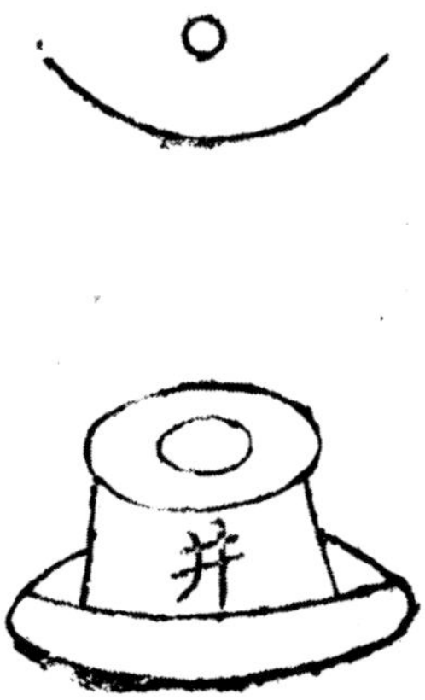

井不分左右南北近。塚主心腹風疾。

墳前水內一蛾眉。女子隨人去不歸。

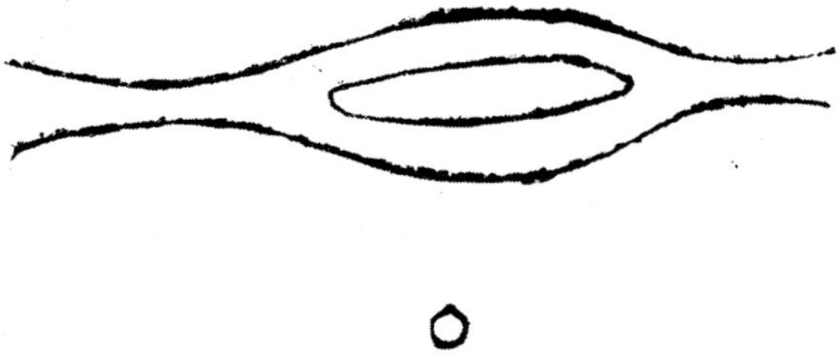

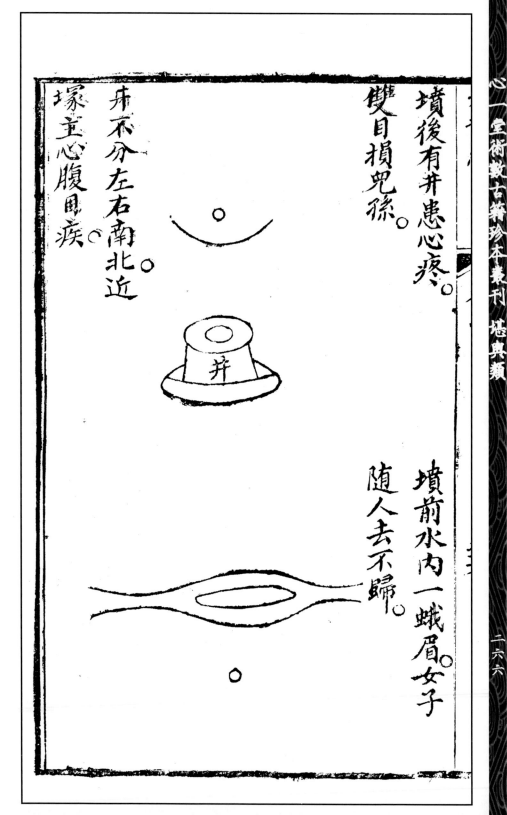

門前橋冲。少死橫亡。疾病鰥寡人口過房。此俱值衰敗之氣耳。若當旺運反能發福。

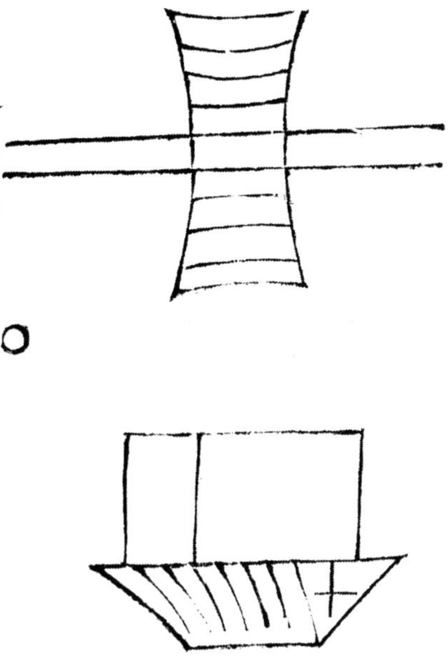

右有橋冲。淫敗絕宗。

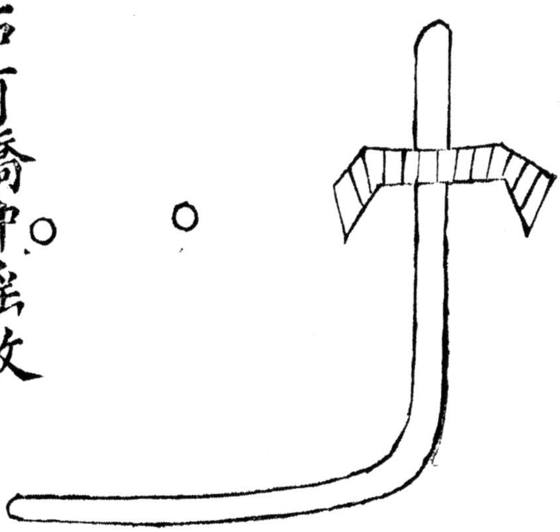

前有橫溝。足疾難瘳。

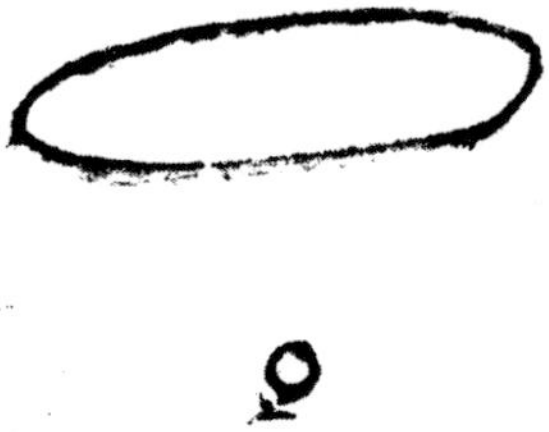

朱雀一坵地。此穴樂安然。更有後河兜。富貴豈等閒。

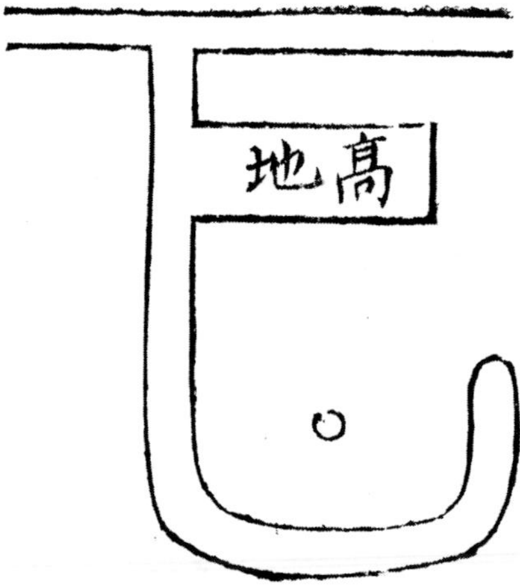

前水如木杓。媳婦抱公脚。山地形同。

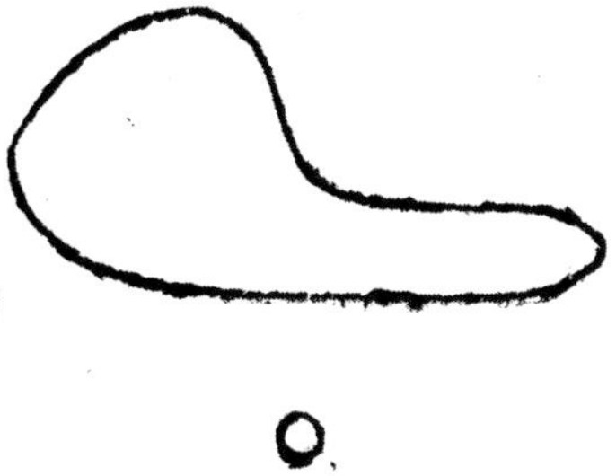

鵝公頸。鴨公頭。女兒媳婦上秦樓。

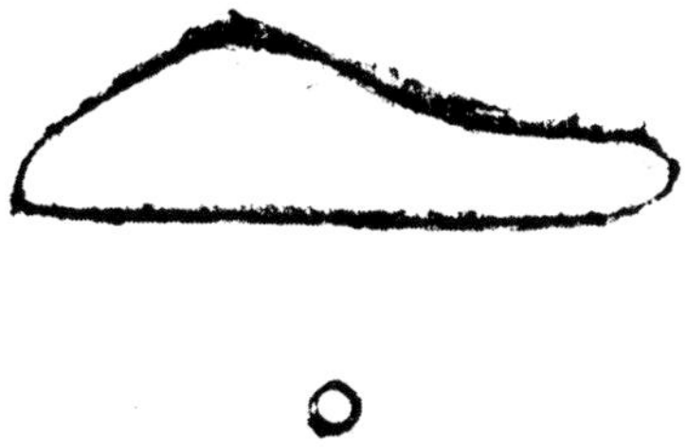

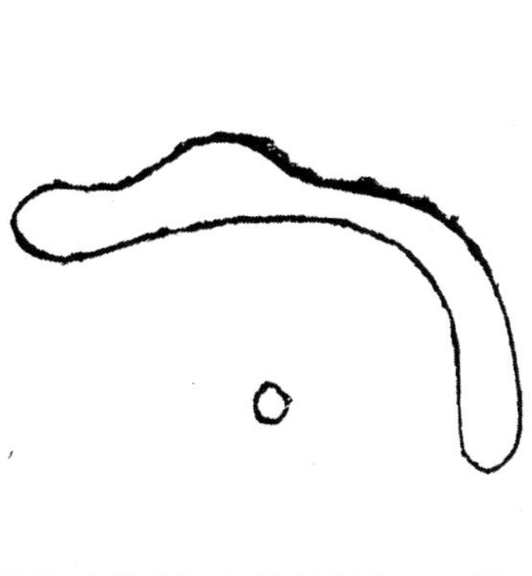